男の身だしなみ

養成講座

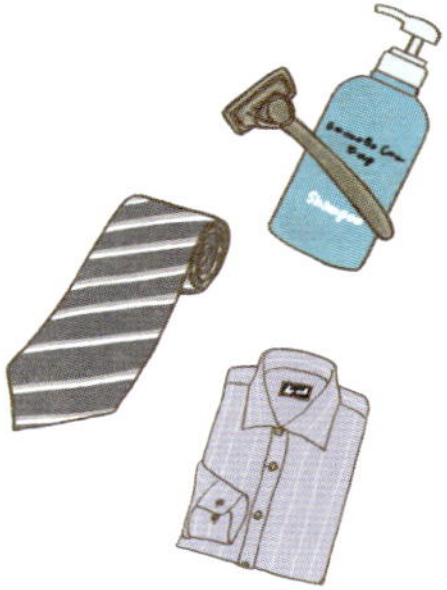

EARTH STAR Entertainment

Contents

身だしなみ編

chapter 1 フェイスケア

chapter 2 ヘアケア

Contents

身だしなみ編

chapter 3 ボディケア

ファッション編

chapter 4 スーツスタイル

Contents

ファッション編

chapter 4 スーツスタイル

chapter 5 カジュアルスタイル

●コラム

●男ならこれくらい知っておこう

※（ ）はそれぞれのメーカーを表しています。
商品の情報は変更になる場合があります。

身だしなみ編

Question

毎日の身だしなみどうしてます？

顔を洗って、歯をみがく
——大人のオトコの朝は、それだけでは終われない。

ヒゲそりは、寝グセは、
デオドラントはどうしたらいいい？
——鏡の前で困ってしまったことはないですか？

Answer

身だしなみのアイディアとテクニック全部教えます！

デートの日にも お悩みゼロ！

フェイスも、ヘアも、ボディも
——身だしなみをスッキリ整えて、
笑顔いっぱいで出かけましょう

Happy

chapter ①

フェイスケア

chapter ①
フェイスケア

正しい洗顔方法で清潔な肌を手に入れよう！

洗顔こそがフェイスケアの第一歩

　フェイスケアは、洗顔から始めましょう。男性は女性よりも皮脂分泌が活発なため、にきびやテカリが起こりがちです。きちんとした方法で毎日の洗顔を行うだけで、それらは改善されます。正しい洗顔方法をマスターして、すっきりと清潔感のある顔を手に入れましょう。

1 いつ洗顔する？

朝 朝の洗顔は、夜間の睡眠中に肌から分泌される皮脂をきちんと取り除くために必要です。

夜 夜の洗顔は、日中の活動を通じ、肌につくホコリや外気の汚れと、肌から分泌される皮脂の両方を取り除くために必要です。

2 自分にあった洗顔料は？

オイリー肌には、洗浄力が高いものがお勧め

乾燥・敏感肌には優しい洗い上がりのものがお勧め

にきび肌には、アクネ菌殺菌効果のあるものが良い

(左) ギャツビー　フェイシャルウォッシュ　パーフェクトスクラブ (医薬部外品) 130g (マ)
(中) ギャツビー　フェイシャルウォッシュ　ソフトスクラブ (医薬部外品) 130g (マ)

3 いざ！洗顔の方法をマスター

毎日ただ漫然と洗顔するだけでは、効果は半減してしまいます。
正しい洗顔を習慣にして清潔でスベスベな肌を手に入れましょう。

1 洗顔前には手を洗って清潔に

顔に直に触れる手が清潔でないと洗顔の効果も半減するので手をキレイに洗いましょう。

2 洗顔料はしっかりと泡立てよう

手のひらに取った洗顔料に少量のぬるま湯を加え、両手を使ってしっかり泡立てましょう。

3 顔全体を中心から外側に向かって洗おう

両手いっぱいの泡で顔をやさしくなでるように、指を滑らせましょう。

4 各パーツをそれぞれ丁寧に洗おう

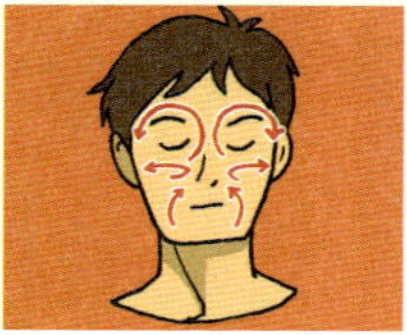

目や鼻などは、パーツに沿って円を描くように洗いましょう。

5 黒ずみやすい小鼻は特に念入りに洗おう

皮脂が詰まりやすい小鼻に沿って指先をくるくると回し、詰まった皮脂を追い出しましょう。

6 水かぬるま湯でしっかりすすごう

水かぬるま湯で10回以上はすすぎ、清潔なタオルで優しく拭きましょう。

（右）ギャツビー　フェイシャルウォッシュ　スピーディーホイップ（医薬部外品）150ml　（マ）

chapter 1
フェイスケア

化粧水と乳液を使い分けてうるおい肌を手に入れよう

洗顔直後に水分補給を

洗顔で汚れを落とした後の肌は、水分が蒸発しやすい状態になっています。つまり水分を吸収しやすい状態です。

この時に化粧水で水分を補給し、乳液でそれを閉じ込めれば、うるおい対策は万全です。洗顔と化粧水での水分補給そして乳液でのさらなる保湿は1セットなのです。

1 それぞれの効果は？

化粧水

・洗顔後の肌は水分蒸発が激しく5分で乾燥状態に

・洗顔直後、化粧水で、水分補給するのが潤い肌の秘訣

乳液

・化粧水の上から乳液をつけて保湿対策を万全に

2 選び方は？

乳液

化粧水後の保湿剤には、乳液やジェル等があります。使用感で選ぶのがお勧め

肌研（ハダラボ） 極潤ヒアルロン乳液 （ロ）

化粧水

化粧水には、さっぱりタイプとしっとりタイプがあるので肌タイプに合せて選ぼう

ギャツビー スキンケア ウォーター（医薬部外品）170ml （マ）

3 化粧水＆乳液の使い方マスター

化粧水　≫水分を十分に含ませる！

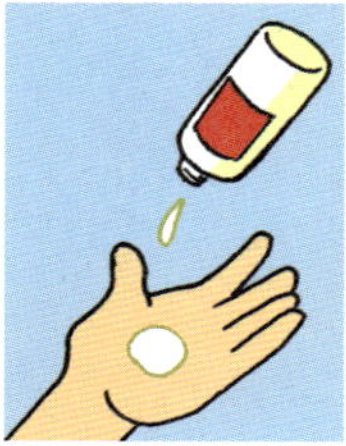

1 コットンに化粧水を含ませる（目安は500円玉大）

ローションを手のひらに取り、人肌に温めるイメージでしっかりと馴染ませます。

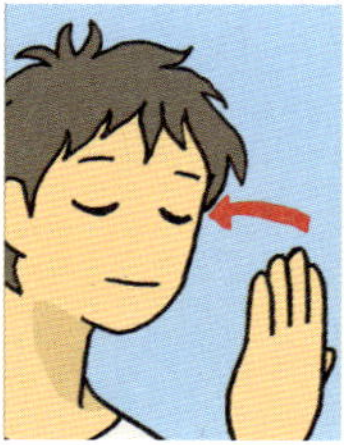

2 化粧水を顔全体に丁寧につける

手のひらの化粧水を反対の手の指全体を使い、内側から外側に向かってなじませていきます。

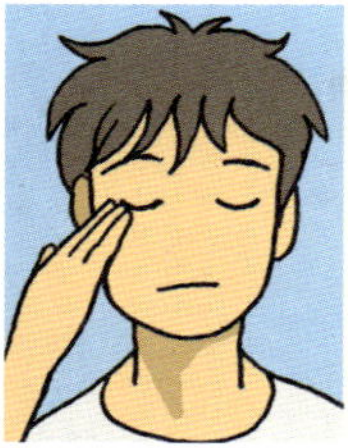

3 顔を手のひらで優しくおさえる

一通り化粧水をつけた後、手のひら全体で顔を包み込むようにして、化粧水を浸透させます。

4 顔全体をパッティングする

最後に顔全体をパッティングして、表面の水分までしっかりと入れ込みます。

乳液　≫補った水分の蒸発を防ぐ！

1 まずは薄く顔全体につける

乳液を手のひらに少量取り、顔全体に馴染ませた後、手でおさえて温めながら浸透させます。

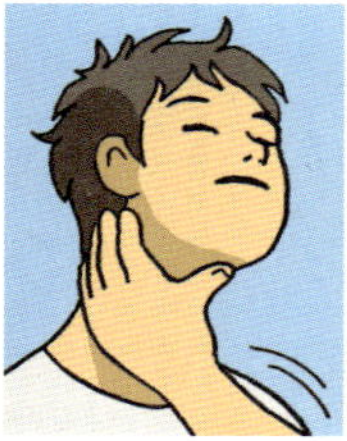

2 目元や口元、首などは重点的につける

仕上げとして乾燥しやすい目元や口元、首に乳液を重ねづけして保湿を強化します。

chapter 1
フェイスケア

オイリー肌にカサカサ肌 "トラブル肌"の解消法は？

自分の肌質を知ることが大事！

洗顔・保湿を十分にしているのに肌トラブルが絶えない場合には、まず自分の肌質をチェック。知らずに自分に合わない洗顔・保湿用品の利用でかえってトラブルが続いてしまうことも。

肌は体内から影響が出やすいため、健康的なライフスタイルを心がけましょう。

1 にきび・オイリー肌には

その1 体の外側・内側、両方から改善

肌へ直接水分を補給するだけでなく、食生活を改善するなどして皮脂の過剰分泌を予防するのも有効です。

[対策A] 余分な脂や汚れを残さず落とす

[対策B] 水分補給で過剰な皮脂分泌を避ける

[対策C] UV ケアで紫外線のダメージをブロック

[対策D] 栄養バランスの良い食事を心がける

その2 専用アイテムで手軽にケア！

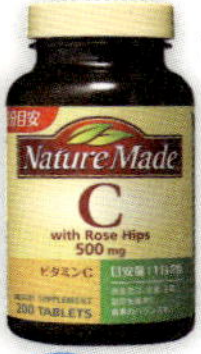

INSIDE

食事に気を遣うにも限界がある！そんな時にはサプリメントの利用が効果的！

ネイチャーメイド ビタミンC500（大）

OUTSIDE

にきびの原因であるアクネ菌を殺菌する効果が高い洗顔料や化粧水を利用するのがお勧め。

ギャツビー スキンケア パウダーインウォーター（医薬部外品）170ml（マ）

2 乾燥肌の悩みには

その1 乾燥肌の放置はNG! 老化の原因

［対策A］しっとり肌には適度な皮脂が必須。落とし過ぎない洗顔料を使おう
［対策B］洗顔後の水分補給は、特に念入りに。化粧水はたっぷり使うのがコツ
［対策C］化粧水で十分に補った水分に乳液を重ねて閉じ込めるのが効果的
［対策D］ビタミンE等美肌に有効な栄養素が取れるような食生活を心がける

その2 クリームを使って適度な油分を補給

化粧水の後に乳液をつけていても、乾燥が止まらない場合は、クリームをつけましょう。肌の水分の蒸発を防ぎ適度な油分を補うことができます。
季節によっても、肌質は変わるので、冬など乾燥しやすい時期だけ普段の乳液をクリームに替える等も有効です。

注目 くちびるの乾燥には リップクリームが強い見方！

くちびるの乾燥はリップクリームで保湿が正解。くちびるに対し縦に繰り返し塗ると効果的。既に乾燥したくちびるを舐めると乾燥が悪化するので注意！

ギャツビー　薬用ウォーターインリップ（医薬部外品）5g（マ）

chapter ① フェイスケア

日々の簡単ケアでツルツル&スベスベ肌に!

ケア製品を活用しよう

正しい洗顔と保湿をマスターしたら、毎日の生活習慣を振り返ってみましょう。

肌を気に掛け始めると、体調がひとつのバロメーターであることに気づくはず。日頃から規則正しい生活を送るようにしましょう。

そんな地道な努力は無理!と思う人は、手軽に使えるケア用品を活用しましょう。

1 不規則な生活を見直す

夜更かしは肌の大敵

睡眠不足や睡眠サイクルの乱れは、にきび・肌荒れの原因になるので注意

栄養バランスのとれた食事が大切

肉・魚・野菜等バランスよく食べ、たんぱく質やビタミンミネラルなど、美肌に必須の栄養素を摂取することが大事

適度な運動でストレス解消

ストレスも美肌の大敵!毎日の生活に適度な運動を取り入れることで、ストレス解消を図ろう!

2 手軽に入手できるケア用品を活用！

日々の毛穴ケアはスクラブで

毎日の洗顔にメリハリをつけたければ、スクラブ洗顔もお勧め。スクラブにも色々なタイプがあり、ソフトな使用感で毎日使えるものもあります。

蒟蒻スクラブは弾力のある球体の粒子が皮脂や汚れを吸着するタイプ。肌に優しく使い心地が良いのが特徴

蒟蒻スクラブ（レ1）

小鼻の汚れはパックで退治！

毎日の洗顔で重点的に洗っていても、黒ずんでいく小鼻には週に１度の毛穴パックでのスペシャルケアがお勧めです

毛穴パックは刺激が強いものもあるので、自分に合った商品を選ぶ

ギャツビー　ブラック毛穴パック 10枚入（マ）

アブラとり紙はテカリ防止にぴったり

日中のべたつきには、アブラとり紙で、すばやく対処！

Ｔゾーンはこまめにアブラを取り除きましょう

美容に気を遣う男性１００人に調査して７割が使用すると回答したアイテム

ギャツビー　あぶらとり紙　フィルムタイプ　70枚入（マ）

注目 しつこい汚れは蒸しタオルで取る！

毛穴ケアとしては「蒸しタオル洗顔」もお勧め。蒸したタオルを顔の気になる部分に30秒程当てると毛穴が開いて驚くほど汚れが取れます。時間がある時にぜひ。

蒸しタオルの作り方は、タオルを水で濡らして軽く絞った後、お皿においてラップを掛けてレンジで1分。

chapter 1 フェイスケア

正しいヒゲそり法を覚えて若くてさわやかな印象に！

ドライとウェットの2種

ヒゲそりには、外見を爽やかに見せる効果もあるので、きちんとマスターしたいフェイスケアの一つです。

ヒゲそりの方法には、ドライシェービングとウェットシェービングの二つがあります。それぞれ特徴があり、そり方も準備する道具も違います。ヒゲそり方法をマスターしてリフレッシュしましょう。

1 ヒゲそりの種類

ドライシェービング

- 電気シェーバーを使う
- 肌が乾燥した状態で行う
- ローションを乾かしてそる
- 横滑りで肌が切れる心配がなく縦横自由にそれる
- 短時間で行える
- 深ぞりには向かない

ウェットシェービング

- T字カミソリを使う
- 蒸しタオル等でヒゲを柔らかくし、ヒゲそりフォーム等をつける
- 深ぞりできるため、ヒゲそり後は滑らかな肌
- 肌が切れる可能性がある

2 ヒゲそりをマスター！

ウェットシェービング

1 ヒゲを柔らかくしておく

蒸しタオル等でヒゲを蒸らして柔らかくしておく

2 ジェル等をつけてそる

シェービングジェルやフォーム等をヒゲにつけてからそり始める

3 ヒゲの方向にカミソリを動かす

ヒゲの生えている方向にカミソリを動かす。カミソリは適宜すすぐ

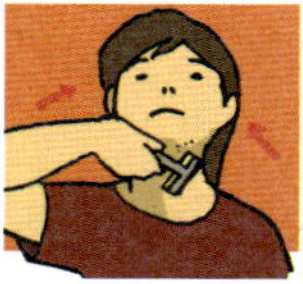

4 顔の中心に向けてそる

もみ上げ下、首、アゴ下、口周りと顔の中心に向かうようにそる

5 冷やして毛穴をひきしめる

冷水で顔を洗い、毛穴を引き締めた後、アフターローションでケア

ドライシェービング

1 洗顔

皮脂や汚れを落とし、タオルで拭き、ヒゲを乾燥させる

2 ローションをつける

シェーバーの滑りを良くするために専用ローションをつける

3 シェーバーを肌に当てる

シェーバーは肌に垂直に当て、ヒゲの生えている方向に動かす

4 もみあげ下・アゴ下等をそる

手で肌を引っ張るようにして、そりにくい部分をそり易くする

5 アフターローションをつける

ヒゲそり後、ローションを洗い流し、アフターローションでケア

chapter 1 フェイスケア

ヒゲそり前後のケアが大事 シェーブ剤の正しい使い方

朝のヒゲそりは念入りに

夕方にうっすらと濃くなってしまっているヒゲは意外と目立つもの。夜まで清潔感のある顔でいるためには、朝のヒゲそりをおろそかにはできません。

ただし間違ったやり方で深ぞりをしてしまうと、傷や肌荒れの原因にも。正しいヒゲのそり方とケア方法をマスターしましょう。

1 洗顔→ヒゲそり→スキンケア

ヒゲそり後のアフターシェーブは、
肌の状態によって使うかどうか決めよう。

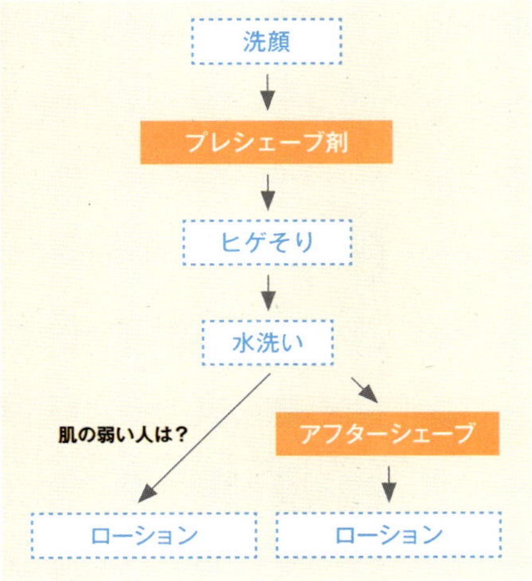

2 肌とヒゲ質を見極めてシェーブ剤を選ぼう！

プレシェーブ剤にはヒゲを柔らかくし、カミソリ負けやシェーバーの摩擦から肌を守る役割がある。ヒゲや肌のタイプで選ぼう。

プレシェーブ剤

≫FORM
薄いヒゲに

ヒゲが薄い場合や、敏感肌である場合には、泡でカミソリと肌の間にクッションを作り、深ぞりしても肌に負担が掛からないようにしましょう

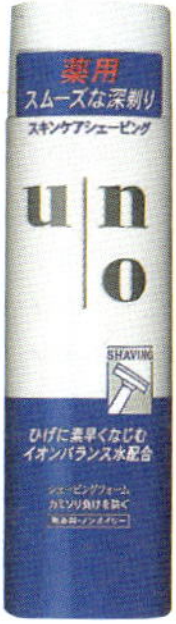

ウーノ
薬用シェービングフォーム
（医薬部外品）（資）

≫GEL
濃く多いヒゲに

ジェルはフォームと違って、透明なのでヒゲがよく見えて、そり易いのがポイントです。ジェルが肌に密着して剛毛も柔らかくしてくれます。

ウーノ
薬用シェービングジェル
（医薬部外品）（資）

≫LOTION
シェーバー派に

ローションで寝ているヒゲを立たせて、電気シェーバーを使うのに適した肌状態を作り上げます。

ウーノ
薬用プレシェーブ
（医薬部外品）（資）

アフターシェーブ剤

≫LOTION

ヒゲそり後は仕上げにアフターシェーブローションで、肌荒れや傷をケアしましょう。ローションをつけた手のひらでそった部分を包み込むように馴染ませます。

ウーノ
薬用アフターシェーブローション
（医薬部外品）（資）

chapter 1 フェイスケア

イケてるヒゲスタイルで渋いイメージにチェンジ！

ヒゲでお洒落にキメよう

女性の間では「ヒゲ＝ダンディー」というイメージがもはや定着しているようです。〝大人の男〟の象徴とも言えるヒゲをかっこよく生やせたら、お洒落の幅が広がるのは確実です。自分に合ったカッコ良くてイケてるヒゲの生やし方をマスターして、お洒落でセクシーな男にイメージチェンジをしてみましょう。

1 まずはコレ！アゴヒゲ作り

まばらに生えたアゴ下と頬のヒゲを電気シェーバーでそりアゴヒゲの濃い部分のみ残す

電気シェーバーのトリマーを使い、濃いヒゲは３ミリ程度にそろえる

電気シェーバーで濃いヒゲのアゴ下のラインをきちんとそろえる

電気シェーバーで口周りやアゴ部分のラインを整え、濃いヒゲが三角になるようにする

2 自分にあったヒゲスタイルを探そう

顔の作り同様ヒゲの生え方も十人十色です。自分のヒゲの生え方を知った上で、自分にピッタリのヒゲスタイルを見つけましょう。

アゴヒゲ型

アゴヒゲのみを三角に伸ばしたスタイル。誰もが比較的気軽に伸ばしやすい形で、顔のアクセントになる。

口元囲み型

鼻下からアゴ下まで口周りのヒゲを全て伸ばした、いわゆる泥棒ヒゲ。お洒落上級者向けで業界人に多いスタイル。

ダンディ型

鼻下に濃いヒゲを生やしたスタイル。ヒゲというと、このスタイルを思い浮かべる人も多い。紳士的な大人の男という雰囲気を与える。

鼻下アゴ型

鼻下とアゴに濃いヒゲを生やすスタイル。知的なイメージにプラスして適度にワイルドな印象を与えることができる。

口元もみ上げ一体型文字

口元囲み型ともみ上げをつなげた、手入れの難易度が高いスタイル。とてもワイルドな印象を与えつつ、輪郭をシャープに見せてくれる。

アゴもみ上げ一体型

アゴヒゲの三角部分ともみ上げをつなげたスタイル。顔周りをヒゲで囲むため、輪郭がシャープに見える。

chapter ①
フェイスケア

センスのいい無精ヒゲでお洒落に自己演出を！

不精ヒゲを味方に！

不精ヒゲも上手に伸ばせば顔の弱点をお洒落にカバーしてくれる便利なアイテムです。ベース顔のエラを目立たなくしたり、面長の人が顔の縦幅を減らしたり、三角顔の人がアゴの尖りを和らげたり、丸顔にヒゲで影をつけることで大人っぽい印象にしたりと、不精ヒゲを味方につけお洒落に差をつけよう！

1 顔型別お勧めスタイル

2 自分にあったヒゲスタイルを探そう

無精ヒゲを整えるには、コームとハサミとT字カミソリを用意しましょう。
ヒゲの長さを替えるためのトリマーがあれば、完璧です。

STEP 1 トリミング

コームでヒゲを下からすくい上げ、コームの歯の間からはみ出たヒゲをハサミでカットしましょう。全体的に短くそろえる無精ヒゲを作るときは、ヒゲの長さをそろえる機能のトリマーを使うのがお勧めです。

STEP 2 ハサミで整える

ハサミで肌を挟まないように注意しつつ、ヒゲの毛先部分を整えるようにします。余分なヒゲやそり残しもカットします。ハサミは縦にすることが基本です。

STEP 3 仕上げはカミソリ

最後に余分なヒゲをT字カミソリでそります。そり始める前に、シェービング剤を塗っておいて、肌の負担を軽くするようにします。ヒゲを隠さない透明なジェルタイプがお勧めです。

chapter ① フェイスケア

自然かつスタイリッシュに顔の印象を変える「眉ケア」

眉毛ケアは必須項目

眉毛は顔の印象の決め手と言っても過言ではありません。

ボサボサで伸ばし放題の眉毛では、せっかく洗顔等で清潔を心がけていても、だいなしです。日ごろから、適度に手入れして、整えておくのが、今やデキル男の身だしなみです。簡単に印象アップを図れるという意味でもお勧めケアです。

1 理想の眉バランスは？

眉バランスを決める３つのポイント

眉頭	目頭のすぐ上の部分のこと。鼻筋からまっすぐ上に引いた直線に合わせるとバランス良く見える。
眉山	黒目の外側から上に引いた直線の当たる位置と、目尻の間で眉弓筋が一番盛り上がった所に持ってくるとバランスが良くなる。
眉尻	小鼻と眉尻を結んだライン上に持ってくるとバランスが良い。眉尻の端は眉頭の下ラインより少し高い位置にあると男らしく見える。

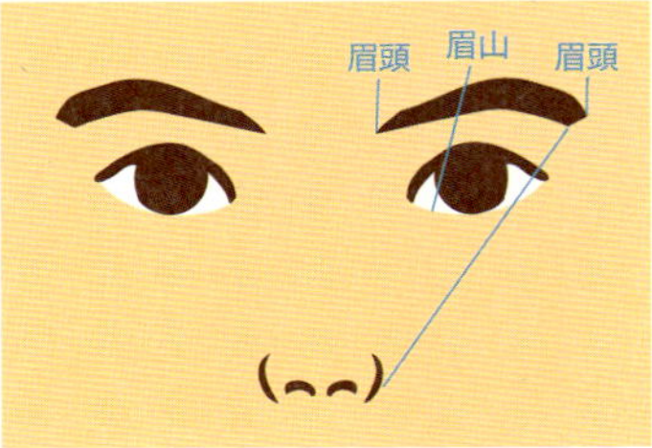

2 眉毛で印象を変えよう

眉の形を変えることでイメチェンも可能です。基本の整え方をマスターしたら、好みの形にチャレンジするのもお勧めです

台形

眉毛を台形に仕上げると、直線的でシンプルなビジュアルから、清潔な印象を与えられる。大きめの台形に整えるのがポイント。小顔効果にもなります。

ひし形

ひし形眉は、眉毛の面積が広く、最も男性的な印象を与えられる。
ただし小柄な人がこの眉にするとヤボったく見えるので、なるべく避けた方が無難といえる。

Key Point!

1 理想の眉の形を知る
2 いじり過ぎないケア
3 ナチュラル感を大切に

chapter 1
フェイスケア

眉毛カットのテク大公開 目ヂカラUPに効果も!?

眉毛ケアの加減を知ろう

眉毛は伸び過ぎもNGなら、整え過ぎもNG！眉毛ケアはそのサジ加減に注意が必要です。目指すゴールは「実は手を加えているのに、自然に見えるナチュラル眉毛」です。

カットテクニックをしっかりマスターして、明日から引き締まった目元を手に入れましょう。

1 まずは道具をそろえよう

コーム

伸びた毛をカットするときに眉毛をすくったり、眉毛の流れをそろえたりするのに使う。

ハサミ

眉毛を根元からカットする際に使いやすいように、刃先が薄くなっている。

毛抜き

毛をはさみやすいように、先が細くなっているものを選ぶと使いやすい。

2 眉毛カットの基本はコレだ！

理想の眉バランスが分れば、自分の眉毛に対し、どのように整えるべきかのイメージが浮かぶはず。早速整え方を覚えましょう。

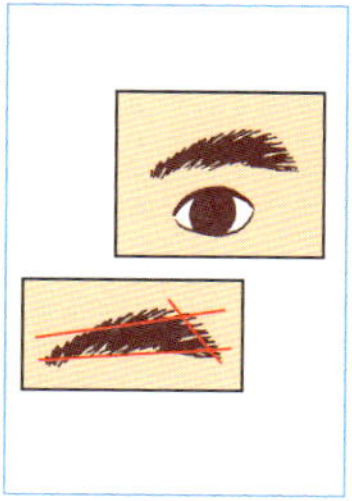

1 カット部分を確認する

鏡で自分の眉を見ながらカット後の状態をイメージし、カットする部分を決める。

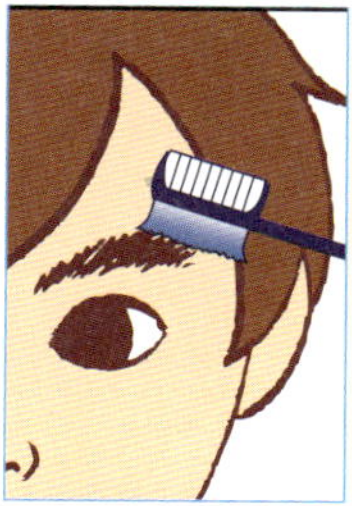

2 毛の流れをコームで整える

カット前の準備として、コームで眉毛の流れのクセを直す。肌に当たらぬよう軽くとかす。

3 眉頭から長い毛をカット

コームですくった時に、歯の間から飛び出てしまっている長い毛を1本ずつカットする。

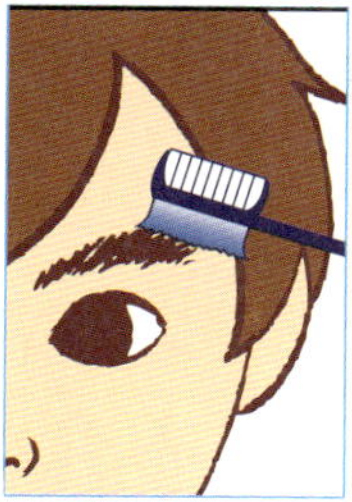

4 眉下を自然な感じに整える

横にしたハサミを肌に当てて刃をずらしながら、眉尻の輪郭をバランス良く整える。

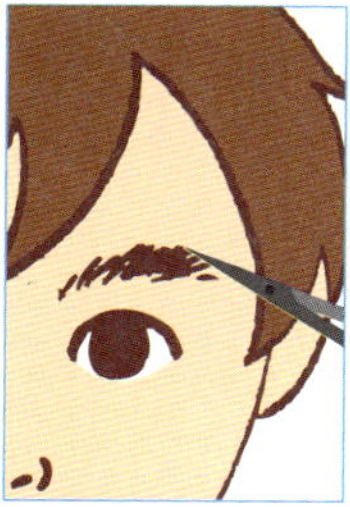

5 眉上のうぶ毛は適度に残す

眉上のうぶ毛は、1列残して自然なグラデーションを作るようにカットする。

6 ムダ毛のみ毛抜きで抜く

毛抜きはムダ毛処理の時だけ使う補助的なアイテム。毛の流れに沿って抜くと良い。

chapter 1
フェイスケア

清潔感を出すには外せない！鼻毛ケアと耳そうじ

出かける前に要チェック

自分では気づきにくい、鼻毛や目やになどの顔周りの汚れは、以外と見られているものです。もしケアを怠っていても、周りは指摘しづらいものです。

だからこそ、外出前には顔周りのチェックを忘れずに！もちろん定期的なケアを習慣化するのが大切です。

1 鼻毛は専用ツールで！

顔がどれだけカッコ良くても1本鼻毛が出ているだけで、女性は幻滅。毎朝鏡でチェックしましょう。

「都会人」は鼻毛が伸びて当たり前！？

鼻毛の役割はゴミや細菌が鼻から体内に入るのを阻止すること。つまりそれらが多い環境で生活している都会人ほど、鼻毛も伸び易いのです。

エチケットカッター ER-GN30（パ）

耳毛には専用の耳毛カッター！

比較的年配の男性に多い耳毛。男性ホルモンが活発化し過ぎると生えてくるため、年齢に関係なく要チェック！専用の耳毛カッターも出ています。

耳毛カッター ER402PP（パ）

2 あなたは耳かき派？それとも綿棒派？

最近は耳かきエステもありますが、耳かきでは耳垢を取るだけでなく、その心地よさも追求し、癒しの時間を満喫しましょう。

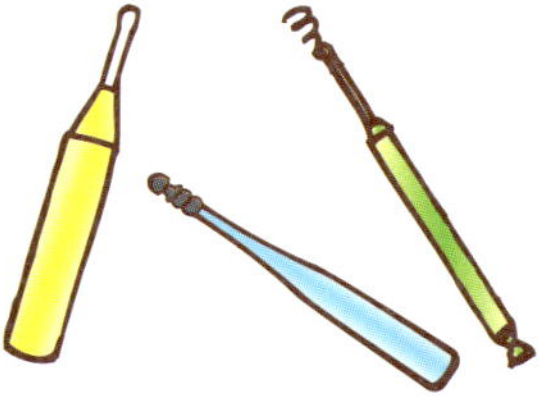

自分好みの耳かきを選ぼう！

耳かきには、耳垢のとり易さはもちろん、痛みの少なさ、さらにはマッサージの快感を目指すもの等、沢山の商品が出ています。形状はループ式やコイル型等、素材は１８金やチタンや象牙等様々です。

耳の中も内視鏡で見る時代！？

耳かきをとことん追及したい場合や最新技術が好きな人には、ファイバースコープ型耳かきがお勧め。内視鏡でとらえた耳の中の映像をファインダーやビデオで見ながら、耳掃除が出来ます。

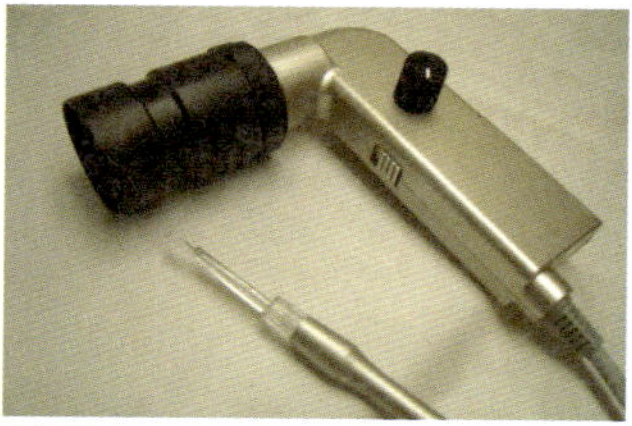

内視鏡付き耳かきイヤスコープ（コ）

3 耳掃除には、実は綿棒だけで十分？

耳かきをついついやりすぎてしまう人は多いようです。外耳道を傷つけ細菌感染になることもあるので気をつけましょう。

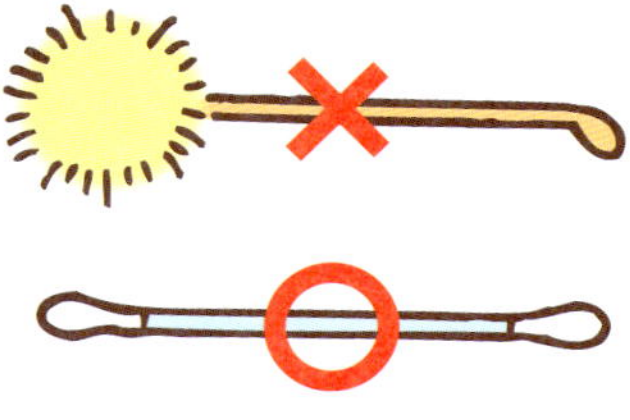

やり過ぎる人には綿棒がお勧め

耳かきの際に徹底的に垢をかき出すことが既に習慣になっている人にとって、耳かきを控え目にするのは難しいかもしれません。そんなときは綿棒がお勧めです。

chapter 1
フェイスケア

意外と忘れがち？リップケアと目やに対策

リップケアは大丈夫？

ポケットやカバンに、必ずリップクリームが入っているという人も増えて来た一方、カサカサなくちびるを放ってしまっている、残念な人も結構いるものです。それではたとえそれ以外は入念なフェイスケアをしていても、一気に台無しになってしまいます。自分自身のリップの状態を知り、適したケアをしましょう。

1 リップの荒れ具合は？

レベル1 カサカサくちびる

普段は乾燥とは無縁の人も、空気が乾燥した冬場等は荒れる場合があるので注意しましょう。カサカサしたかな？位の段階からリップクリームの油膜でくちびるを保護してあげると回復は早いものです。

レベル2 ひび割れ出血したくちびる

くちびるは皮膚より保湿力が弱く、カサカサ状態を少し放置すると、会話や食事で口が動く度に、くちびるの割れが進み出血することも。保湿度が高いリップクリームで治らなければ、通院が必要です。

2 状態に合わせて選ぼう

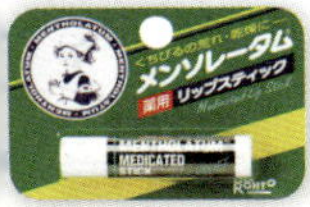

デイリーな予防に

メンソレータム 薬用リップスティック（ロ）

カサカサリップに

メンソレータム ディープモイスト（ロ）

ひどい乾燥に

メンソレータム メディカルリップb（ロ）

3 ちょっとしたケアでOK!「目やに対策」

朝しっかり洗顔をしていれば「目やに対策」など必要ないと思っていませんか？昼間の目やににもチェックしましょう。

「昼」はドライアイが原因

普通は涙で流れる目やにですが、ドライアイだとそうはいきません。ドライアイの原因は、汚れた空気、ストレス、夜型生活、長時間での眼の酷使等です。これらの原因をできるだけなくし、ドライアイを予防しましょう。

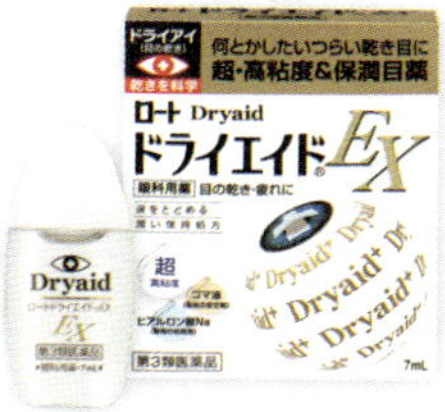

≫目薬の用意も忘れずに

ドライアイかなと思ったら、目に足りない水分を目薬で補ってあげましょう。そうすることで、目やにはかなり防止できます。目薬には、かゆみ、充血、疲れ目等それぞれの症状に対し、様々ありますが、ドライアイ専用目薬を選ぶのがお勧めです。

ロート　ドライエイドEX（ロ）

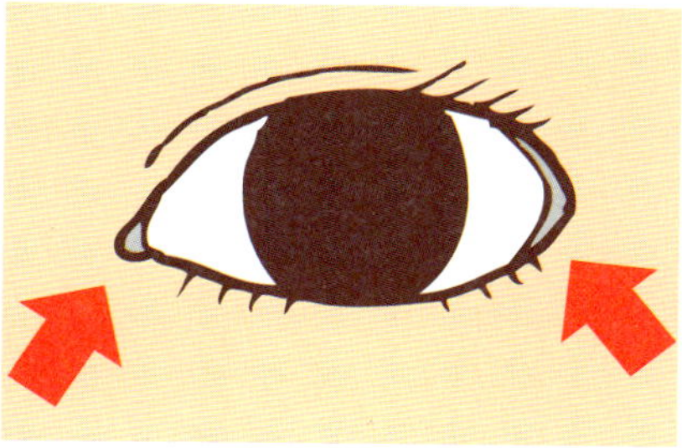

朝の洗顔での重要ポイント！

睡眠中は、健康な目の人でも涙の分泌量が減ってしまうため、ゴミを洗い流すことができずに目やにが出来ます。目やには特に、目頭の内側と目尻にたまる場合が多いので、朝の洗顔後はその二ヶ所を特にチェックすると良いでしょう。

Colum 01

あなたの身だしなみの目的は?

あなたの身だしなみの目的は？

昨今では、メトロセクシャルと呼ばれる、ファッションや美容に対して女性顔負けにこだわりを持つタイプの人たちが増えているそうです。

外見的にもフェミニンな彼らですが、果たして女性ウケなどはどうなのでしょうか？ あいにく彼らにとって、そこは重要なゴールではありません。

あなたが目指す男性像は？

しかし、多くの人は他人からの印象を良くしたい、あるいはそうすることで、自分に自信を持ちたいといった気持ちから身だしなみを気にし始めるものです。そして身だしなみへの気配りが習慣化し出した頃、自分をどう見せたいのか？どんな自分になりたいのか？という問題に直面することでしょう。

メトロセクシャルの反対語、レトロセクシャルは外見にこだわることを嫌う男性のことですが、その二つの男性像の間のどの辺りを目指したいのか？という点は、少し考えてみる価値がありそうです。それらに対し、自分の答えを出した頃、身だしなみは、もはや小手先のテクニックとしてではなく、しっかりとあなた自身に染み渡るのではないでしょうか。

chapter② ヘアケア

chapter 2
ヘアケア

おろそかにしたら大変！シャンプーの基本を見直そう

第一歩はここから

我流の「頭を洗う」という感覚から、正しいシャンプー法を身につけるという意識改革が、髪と頭皮の様々なトラブルを防いでくれます。見た目にも清潔さが大事だと毎日シャンプーをしていても間違ったやり方では、髪や地肌にダメージを与えるばかりで、逆効果になっていることを自覚しましょう。

1 「汚れを落とす」気持ちで

髪と地肌はやさしく守るもの

シャンプーの時は爪を立てて「ゴシゴシ洗う」なんていうのは、ただ地肌を痛めているだけで、自分でトラブルの原因を作っているようなもの。また、抜け毛やフケなどの悩みも正しい「シャンプー法」で解決しましょう。

シャンプーの前にブラッシングを

「頭皮の汚れを落とす」という感覚が大切です。だから、まずシャンプーの前にブラッシングで頭皮の血行を良くしゴミやフケを浮き上がらせます。

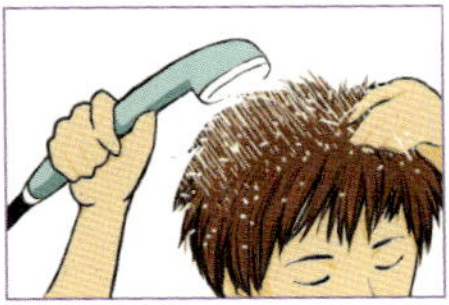

次に体温より少し高めのシャワーで、髪全体を濡らします。この時に、浮き上がっていたゴミなどを洗い流し、地肌も指の腹で入念に洗います。

2 正しい「シャンプー法」の手順

髪と頭皮の健康を考えたシャンプー法は
もっとも大切な“今日から出来る”ヘアケアの基本です。

1 シャンプーの泡立て

シャンプーを手にとり、少量のお湯を加えて泡立てます。キメの細かい泡を立てるのがベスト。泡立て用ネットを使えばフワフワの泡が立てられます。

2 洗い始めは後頭部から

シャンプーの時の基本はすべて「指の腹で洗う」です。やさしく疲れをとるくらいの気持ちでマッサージするように洗いましょう。

3 頭頂部へ向かって

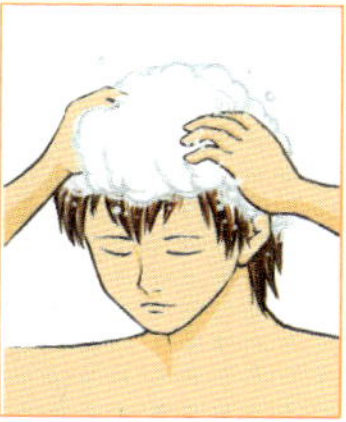

後頭部から耳の後ろに洗い進み、頭頂部から前頭部へ。出来るだけ楕円を描くように洗うのがコツです。ハード系の整髪料を使っているのなら特にていねいに。

4 よく洗い流す

頭皮と髪にシャンプーが残らないようにきれいにすすぎます。シャンプーのすすぎ残しは頭皮トラブルの大きな原因になるので注意しましょう。

≫フケが気になる人へのアドバイス

「フケがひどいから頭は二回洗っている」という人がかなりいるのではないでしょうか。フケがあると周囲から不潔なイメージで見られるからなのでしょうが、過度のシャンプーで頭皮をパサパサに乾燥させるのはかえってフケの原因になることも。また、すすぎ残しもフケを発生させます。

chapter 2 ヘアケア

自分に合ったシャンプー選びが正しいヘアケアのスタート

コダワリを持って選ぶ

抜け毛やフケ、またベタつきなどの悩み、紫外線によるダメージなど髪の毛や頭皮の状態や悩みに合わせてシャンプーをチョイスすることは、もはや常識です。シャンプーの目的と効果をきちんと理解して、頭皮や髪の健康を守るようにしたいものです。

ヘアスタイルをキメる前に基本をキッチリ押さえよう。

1 シャンプーをチェックする

洗浄力は？泡立ちは？

頭皮の脂分をとりすぎず汚れはしっかり落とすものがベストです。さらに泡立ちを重視するのは、シャンプー時に髪を摩擦や痛みから守るためです。

すすぎは泡のキレは？

シャンプーのすすぎ残しは頭皮にトラブルをもたらします。だから、泡切れの良いシャンプーを選ぶことは髪と頭皮の健康のための必須ポイント。

もつれやきしみ不快な刺激はないか？

シャンプー中に髪がもつれる、また、すすいだ後に髪がきしむものは髪にダメージを与えている証拠。ヒリヒリしたり、手荒れが起きるものは使用を中止しよう。

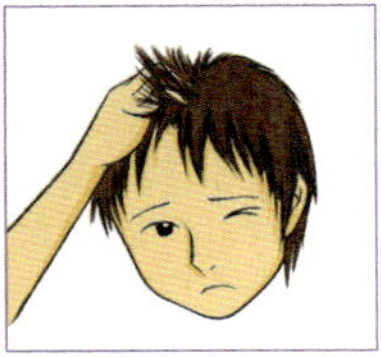

2 用途別シャンプーの特徴は?

各メーカーから、いろいろな特徴をもったものが発売されていますが、まずは自分の髪質や頭皮の状態にあわせて選びましょう。

ノーマルヘアを健康に保つ

さっぱりと洗浄することに重点を置いたもの。髪トラブルを全般的にケアします。育毛に特徴を持たせたものもあります。

ギャツビー・パーフェクトクリア・シャンプー(マ)

抜け毛予防に重点を置いたもの

髪の成長を妨げる頭皮の皮脂や汚れを取り除く洗浄効果に特徴がある薬用シャンプー。血行促進や発毛促進剤の浸透効果を高めたりする商品もあります。

ルシード・皮脂クリア薬用シャンプー(マ)

フケやかゆみを抑える

頭皮のダメージや炎症を軽減してくれる薬用シャンプー。フケに悩まされているのなら、使う前に自分が脂漏タイプか乾燥タイプなのか理解しておこう。

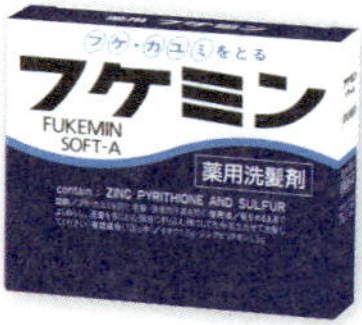

フケミン・ソフトA(ダ)

髪のベタつきや臭いが気になる

毛穴の中に溜った汚れを浮かしたり、吸着させたりすることで頭皮を清潔に保つ効果が期待できるス　カルプケア系薬用シャンプー。毛穴専用シャンプーもあるようです。

サクセス薬用シャンプー(花)

ダメージヘアをいたわる

外出がちな人によくある髪の毛のパサつき。こういったダメージヘアをやさしくケアしてくれるのがこのタイプのシャンプーです。つややかで潤いのある髪を保ちます。

ラックス・スーパーダメージリペアシャンプー(ユ)

chapter 2 ヘアケア

髪の健康に気をつかう リンスで髪をベストに保つ

頭皮と髪を守るために

正しいシャンプーの方法で髪のコンディションを整えたらその状態をキープすることが大切です。汚れを落とした頭皮や髪は、ある意味、無防備な状態になっています。

髪や頭皮をストレスから保護して健康な状態に保つためには、髪の状態に合ったリンスやコンディショナーでのトリートメントが不可欠です。

1 リンスにもこだわろう

頭皮と髪質に合わせてリンスも選ぶ

シャンプーを選んだ時と同様に、頭皮と髪質に合ったリンスを選びます。選び方は、ノーマルヘア用、抜け毛対策用、フケやかゆみを抑えるもの、ベタつきや臭いを抑えるもの、ダメージヘア用という具合にシャンプー選びと同じ用途のものをチョイスしましょう。

2 流さないヘアケア剤

洗髪後に使う育毛トニックにも注目

皮脂をコントロールします。

フケ予防薬用トニックです

髪を補修し潤いを与えます

(左) ルシード・皮脂コントロール薬用トニック(マ) ／ (中) フケミン薬用頭皮ローション(ダ)
(右) ダヴ・浸透ドライダメージケア(ユ)

3 正しいリンスの仕方は？

やわらかく、しなやかな髪というのは気持ちのいいものです。
髪を保護するリンスの使い方も覚えましょう。

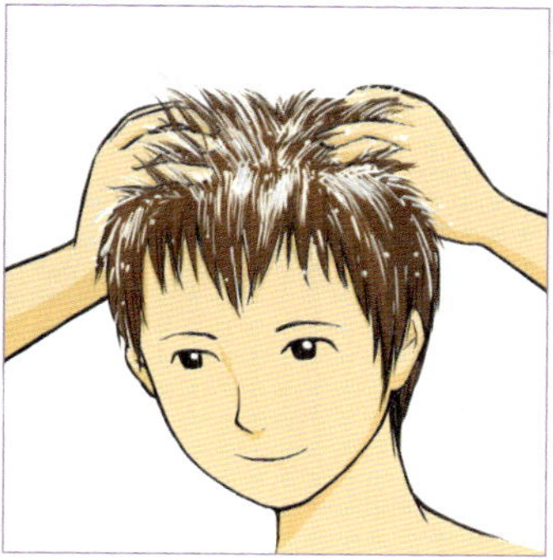

1 毛先や分け目から塗っていく

髪で一番傷みやすいのは毛先や分け目です。まずはダメージを受けやすい部位から、リンスを塗っていくようにしましょう。

2 髪にもみ込んでいく

リンスは髪に塗るものです。ですから頭皮ではなく髪全体にもみ込むようになじませるのがコツ。

3 シャワーですすぎ切る

リンス剤独特のヌメリ感が無くなるまでシャワーでよくすすぎます。最後は冷水で毛穴を引き締めると、余分な皮脂が出にくくなります。

4 週に一度はトリートメント集中ケア

リンスに変えてコンディショナーやトリートメント剤を週に一度は
使うようにすると髪の傷み方が軽減されます。

1 塗り方は髪の中ほどから

手のひらで生え際を避け、髪のなかほどから毛先に向かって塗っていきます。

2 すすぎ残しに気をつける

コンディショナーを髪に浸透させるため5～6分なじませた後、シャワーで丹念にすすぎます。

chapter 2
ヘアケア

ドライヤーを上手に使って髪をイキイキした状態に保つ

髪が熱くならない程度に

濡れた髪というのは痛みやすいもの。だから素早く乾燥させる必要があります。

しかし、ドライヤーの熱風は、せっかくリンスで仕上げた髪をパサパサに痛めてしまうことも…。

そこで、ドライヤーの上手な使い方を身につけ、ヘアケアのテクニックをより深めたいと思います。

1 しっかり乾燥で寝癖ナシに

簡単ヘアケアで寝癖知らず

寝グセは、寝てる間に髪が少しずつ乾くことでついてしまうものです。その対処法は、シャンプー後のタオルドライを徹底し、ドライヤーで手早く完全に乾燥させてしまうことです。

2 温風と冷風の効果

「温風だけ・・」では困ります。

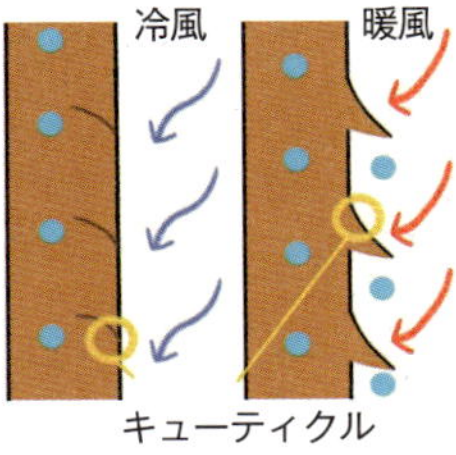

髪に温風をあてるとキューティクルが開き、保湿成分が蒸発します。逆に冷風だと、キューティクルが閉じて保湿成分をキープします。温風と冷風を上手に使い乾燥させましょう。

3 素早い乾燥が髪を守る

髪を濡れたまま放置すればキューティクルを傷めてしまいます。
だから上手に乾燥させるコツをつかもう。

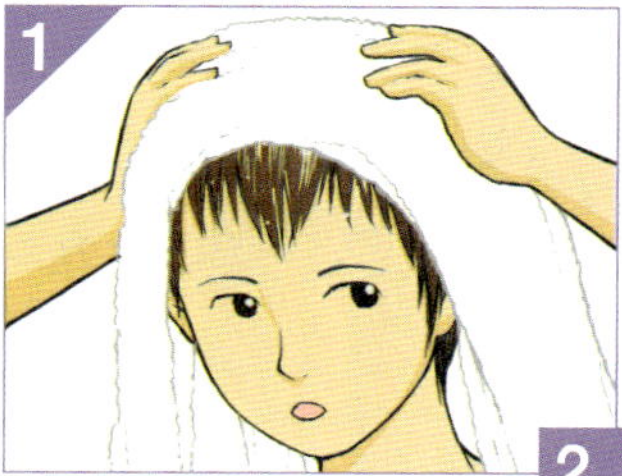

STEP 1 髪を包み込む要領でタオルドライから

洗髪後タオルで髪の水分を十分に吸い取らせます。おおよそ「８割はタオルで」くらいの気持ちでタオルドライします。この時、あまりゴシゴシやると、髪同士が擦れあって傷つくことも。注意しましょう。

STEP 2 乾燥は根元から

髪を小分けするように持ち上げ、根本から乾かします。ドライヤーは２０センチほど離して動かすように使います。温風は一ケ所だけ集中してあてないように。

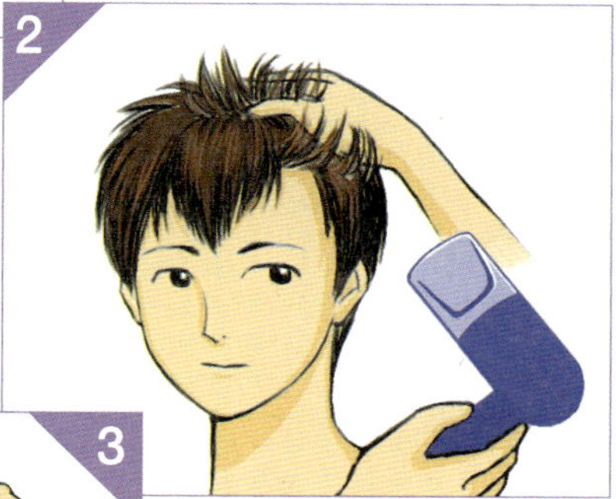

STEP 3 温風＋冷風で毛先ケア

髪の根元を乾かしたら、次に毛先を乾かします。毛先をつまみながらドライヤーをあてます。温風と冷風を交互に使い、キューティクルを保護しましょう。ポイントは素早く乾燥させることです。

chapter 2
ヘアケア

髪質と自分の好みで整髪料を使い分ける

好みのスタイルに

しっとり感やナチュラルな感じが好みならソフト、また長時間、ヘアスタイルをキープしたいのならハード系の整髪料と使い分けるのが基本。

しかし、髪質に合わせて使いこなせる知識を持っていることも大切な条件でしょう。

整髪料それぞれの持ち味や特徴を十分理解して、自分流のスタイルを演出しましょう。

1 それぞれの特徴を把握する

ソフト

1 ウーノ・スーパーリセット・ムース（資） 2 ギャッツビー・スタイリングウォーター（マ） 3 ウーノ・スーパーリセット・ジェル（資）

ハード

1 ギャッツビー・パーフェクトホールドワックス・ショートハード（マ） 2 ウーノ・フォグバー・万能ストロング（資） 3 モッズヘア・グラマラスロック・ハードスプレー（ユ）

2 目的に合わせて使い分ける

整髪料を使いこなすには、それぞれのスタイリングの特徴を知り
仕上がりをイメージできることも大切です。

ソフト

»ムース

空気を含んだような柔らかな印象に仕上げるのならムースがおすすめ。濡れた髪ではボリューム感が出ないので注意。

»フォーム

泡状なのでむらなく髪全体にのばすことができ、扱いやすい。つけ過ぎはベタっとした仕上がりになるので適量を知ろう。

»ヘアウォーター

寝癖直し、スタイリングベースとしても使えるので、何かと便利。ナチュラル派やショートヘア派ならこれ一本で済む。

»ジェル

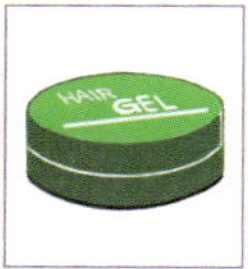

適度なウエット感がある仕上がりが特徴。セットしやすく、ハードタイプのものもあるので、好みに合わせて使おう。

ハード

»ワックス

ハード系整髪料でもっとも人気が高いのがワックスです。動きのある毛束感を出したい人いは一番使いやすい整髪剤です。

»リキッド

かつては男性整髪料の定番でした。それだけに、扱いやすくセット力もかなりのもので、液状で髪を整えやすいのが魅力。

»ミスト

くせ毛を伸ばすくらい強いホールド力があり長時間のスタイルキープにも重宝する。ただシルエットが固くなりやすいようです。

»スプレー

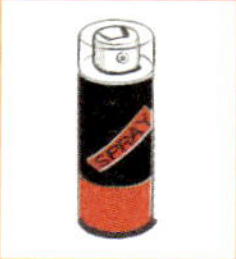

ハード・ヘアスタイリングのフィニッシュ・ワークに使えば毛束をガッチリと固めて長時間キープを可能にしてくれます。

chapter 2 ヘアケア

顔の形に合わせて最適ヘアスタイリング！

理想の卵顔シルエットに

自分の顔に似合う髪型にするというのは、意外に難しいものです。好きだというだけでセットしてみると「どうもしっくりこない」ということがあります。それは自分の顔の形がはっきりとつかめていないからなのです。

顔の形に合わせたスタイリングを見つけ、理想のフェイスラインを作りましょう

1 「卵型」シルエットを理解する

理想のフェイスライン

楕円に近い顔立ちが理想とされます。凸凹が少ないため、小顔に見えるのも卵型フェイスの特徴です。

髪でフェイスラインを理想型に近づける

そこで自分の顔をこの卵型シルエットに見えるようにヘアスタイルを工夫するだけで理想型に近づけることができます。

≫流行のヘアスタイルを追わない

顔の形を理想型にしようと思ったら、あまり最新のヘアスタイルばかりを追わないことです。それよりも、自分に合った髪型を理解して、自分らしさを演出する工夫を心がけましょう。

2 顔型別に理想ヘアを分析！

顔の形を大きく４つに分けて、それぞれに合った髪型をセットする時のポイントを紹介します。

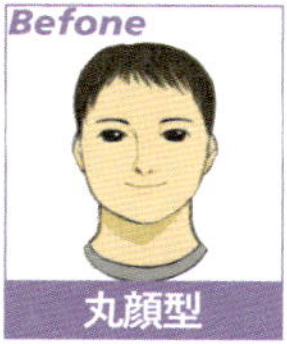

丸顔は、すっきりと縦長シルエットに！

トップをワックスでボリュームアップし、髪はやや長めに伸ばすこと。バックのえり足を長めにセットすれば、かなり縦長のフェイスラインに見えます。

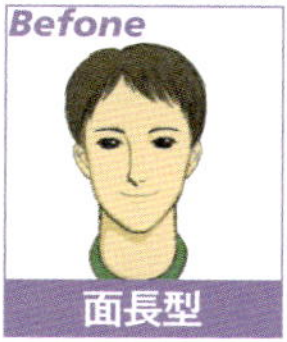

面長は、顔の面積を狭く見せるのがコツ

まず顔の両サイドの髪をふっくらとさせて顔の輪郭線を丸く見せます。次に前髪を自然な感じで額に下ろし、顔面積を小さく見えるようにします。

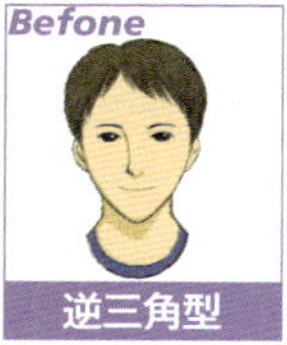

逆三角は、アゴのラインを優しく見せる

こめかみのラインに凸凹感があるようなら、サイドを少し長めに伸ばし、細めのアゴのラインをカバーするため、えり足は横幅感のあるカットで整えます。

ベース型は、パーマでライト感を演出！

髪は全体的にやや長めにして、パーマヘアで凸凹をカバーします。全体のバランスを考えて、トップにはボリュームを持たせると顔が引き締まって見えます。

ビジネスシーンでの好感度も高い清潔感ただよう「ショートヘア」

ビジネスシーンで好印象

最近では「ベリーショート」にしている男性をよく見かけます。しかも幅広い年齢層の方の支持を受けて、ビジネスシーンでも定番のヘアスタイルになりつつあるようです。

その人気の秘密は、髪の流れを変えることで、簡単にヘアアレンジを楽しめること。もちろん、デイリーケアのしやすさも忘れてなりません。

1 ベリーショートでキメる

おしゃれボウズ

ただのスポーツ刈りや坊主頭とは違うオシャレなベリーショート。部位によって長さの違う短い毛先で動きを出す。

ソフトモヒカン

トップに向かって髪の毛を流すため、おしゃれボウズよりもトップに独特のボリューム感があって印象的スタイル。

≫ツヤ感オンとマット感オフがポイント

ツヤ感が出せるジェルを使い、トップを立ててスーツ姿に合うソフトモヒカンに。また、ワックスでカジュアルさを演出することもできます。

2 ショートでもスタイルに個性あり

ショートでも自分らしさを出したいという人はセット法やカットのバリエーションを知っておくと良いでしょう。

ソフトリーゼント

長めの前髪をアップにして額を大きく見せるソフトリーゼントは、ショートヘアの清潔感とともにさらに男らしさや強さを全面に出した演出ができるバリエーションです。

アシンメントリーショート

左右の髪の長さをアンバランスに変えることで、ショートながら動きのあるスタルにできるのがポイント。オシャレでスタイリッシュなショートとして人気があります。

無造作ショート

ナチュラルで爽やかなイメージのショートヘアバリエーション。少し長めのショートですが、自然な感じに毛先を遊ばせるスタイルが若々しく、好感の持てるショートです。

≫ショートヘアのメリット

ロングは洗髪後の乾燥やセットに手がかかります。また簡単そうに思えるパーマヘアもデイリーケアではショートほど簡単ではありません。また、ショートヘアの持つ好感度は初対面の方に良い印象を与えます。

chapter 2
ヘアケア

伸ばしっぱなしはダメ！「すっきりロング」でセクシーに

束感を軽くさわやかに

ロングヘアは毛束が多いために、どうしても重い印象になってしまいます。さらに伸ばしっぱなしに見られるような乱雑なスタイリングでは不潔感すら与えかねません。毎日のヘアケアに気をつかいメリハリのある髪型を心がければ、野性味のある知的な男という印象を醸し出すことができるはずです。

1 ロングヘアのメリット

スタイリングが自由

女性のロングと同様に、髪の長さを活かした色々なスタイルが楽しめます。さらに見た目が「優しそう」に見えるのもロングのよいところです。

ロングは目立つ髪型

最近、ベリーショートにする人が増え、これまでも少数派だったロングヘアは、さらに目立つ存在になってきました。この利点を活かしてみてはどうでしょう。

2 ヘアケア必須アイテム

くせ毛に強い味方
ヘアアイロン

パーマ戻し必需品
ロールブラシ

デイリーケアには
ラバーブラシ

3 こんなスタイルはいかが？

スタイリングに幅があるロングヘアの特性を存分に発揮して
カットやウェーブで個性を表現してみてはどうでしょう。

ゆるパーマ

柔らかくゆるめのパーマをかけると、かなり大人らしい印象になります。ただし、髪のボリュームは少なめにおさえて、すっきり見せるのがベストです。

2（ツー）ブロック

女性の「段カット」に近いスタイリングです。髪の毛に段をつけて部分的に刈り上げます。えり足もスキバサミを入れるのでシャープな印象になります。

ウルフヘア

トップショート、サイドはディンカットで仕上げ、えり足は長めというスタイル。髪にやわらかな流れをもたせると、野性味のあるやさしい印象に仕上がります。

≫顔の形で悩みがあるなら

きつい逆三角形やベース型といった顔立ちの人の悩みをロングヘアなら解決することができます。ロングヘア特有の毛束感を利用してサイドのボリューム、長めのえり足で、フェイスラインをやわらかく見せることが可能です。ただ、ショートとは違ってヘアケアの点で手間がかかります。手抜きをせず、毎日のスタイリングを楽しむつもりで。

chapter 2 ヘアケア

「ショート+パーマ」でオン&オフの時間もキメる

雰囲気あるスタイルで

もっとも好まれるソフトパーマは、どんなシーンにもマッチして好印象です。特にビジネスシーンでも、さりげなくショート&パーマをかけてる人に目がいきます。毛先に動きと遊び心をもたせたパーマはセンスを問われる大人のライフスタイルにピッタリ。一度挑戦してみる価値のあるヘアスタイルです。

1 パーマヘアで差をつける

ショートヘアでもファッショナブルに

パーマをかけた髪をスタイルアップする時に、ヘアウォーターなどを使うとウェーブが戻りやすくアレンジも楽にできるようになります。

ワックスで髪を立ち上げ、スプレーで毛先に動きをもたせるなど、オン&オフを違った表情に演出する工夫をしてみましょう。

2 ロングやショートの持ち味を引き出す

好みや顔立ち、さらにビジネスシーンなどを考えて自分に合ったパーマスタイルを選び、個性を表現しましょう。

カーリーパーマ

カールのかけ方に強弱をつけてかなりワイルドなイメージに仕上がります。さわやかさもある髪型なので、オンタイム、オフタイムを選びません。

ツイストパーマ

野性的な雰囲気が好みならばツイストパーマがおすすめです。ミディアムショートの髪型をオールバック風にボリュームアップ。個性を強く表現できます。

ソフトパーマ

やさしいウェーブに特徴のあるソフトパーマは、どんな場所にも自然になじみ、ロング、ショートともに落ち着いた感じの雰囲気があって魅力ある髪型です。

≫髪質の悩みをカバー

「毎日のヘアケアやスタイリングがうまくいかない」というような悩みを抱えているのなら、一度パーマを試してみてはどうでしょう。特に髪質が剛毛タイプで「ハード系の整髪料でいくらスタイリングしても、すぐに崩れてきてしまう」とか「ネコ毛なので、なかなか思うように髪にボリューム感が出せない」などと悩んでいる方におすすめします。

chapter 2
ヘアケア

サロンで役立つヘアオーダー用語を学ぶ

イメージを的確に伝える

ヘアサロンや理髪店などで自分が思っているヘアスタイルのイメージが上手く伝わらず、困ったという経験がありませんか。

自分のイメージをきちんと伝えるためには、サロンなどで使われる専門用語を覚えておくといいでしょう。さらに、理想とするスタイルの写真があれば完璧です。

1 失敗しないために

まず相談をしてみる

口頭だけでヘアオーダーをするのは、行きつけのお店でこれまでと同じヘアスタイルにする場合とかに限ります。

雑誌や専門誌を用意する

イメージを変える場合には、理美容師さんと上手くコミュニケーションできるように雑誌やファッション系の専門誌を持参するとよいでしょう。

≫女性に学ぼう「事前予約活用術」

ヘアサロンを利用する女性の多くが、事前予約時にカットやスタイリングの相談を行っています。プロのアドバイスを聞き、サロンにあるヘアスタイルなどの専門誌も参考にして納得のいく髪型や新しいアレンジを決めています。メリットがあるなら男性も実行してみてはどうでしょう。

2 オーダーもラクラク「基本用語」

カットサロンなどで、よく耳にする言葉や用語を集めてみました。
希望のヘアスタイルを伝えるときに活用しましょう。

ストレートパーマ
最近、略語で「ストパー」などと言ってるのがこれ。軽いクセ毛やパーマをストレートに戻すパーマのこと。ボリュームを落とす場合にトップやサイドなど部分的に使うこともある。

縮毛矯正
ストレートパーマの一種だが、普通のものより効果が長く続くのが特徴で、悩ましい頑固なクセ毛の矯正にも使われる。

ボディパーマ
太めのロッドを使って、ゆるめにかけるパーマのこと。ナチュラルウェーブで自然なクセ毛風の質感に仕上げる。

スクランチ
ワックスやヘアクリームなどの整髪剤を髪の根元からもみ込むように使い、髪にボリューム感を出させる方法。

エアリー感
空気を含んだようなフンワリとしたスタイリングの時に使う言葉。パーマのスタイリングのイメージを伝える場合などに重宝する。

センターパート
スタイリングの時に前髪を真ん中から分けることを「センターパート」と言う。また「サイドパート」といえば、横に分けるという意味。

シャギーカット
ハサミやレザー、スキバサミなどを使って、先を細く削ぐようにカットする技術。毛先に動きをつけやすく、軽い感じのスタイルに仕上がる。

レイヤーカット
髪を揃えた時に、上にくる毛をショート、下をロングにカットする技法。トップに近いところからカットするものをハイレイヤーと呼び、低い位置からカットする場合はローレイヤーと言う。

グラデーション・ボブ
よく「グラボ」などと略して使われます。レイヤーカットよりも繊細なカットを毛先に入れる技で、髪に自然な丸みをもたせることができる。

マッシュルームヘア
ボブの中でも、特に丸いイメージに仕上がる。フロントは眉の位置で揃え、サイドからバックまですべて柔らかなカーブシルエットに。

スパイキーヘア
毛先をスパイクのように立たせる人気のヘアスタイル。髪の長さに長短をつけたり、無造作な流れや動きをつけるのが特徴。

ウェーブパーマ
髪にやわらかいS字状のウェーブをもたせるパーマのことを言う。髪に動きが出て、全体にやさしい感じの仕上がりになる。

chapter 2 ヘアケア

毎日のスタイリングにワンポイント・テクニック

お悩み解消テクニック

頭や顔の形、髪の質や薄毛のスタイリングが上手にできないなど、悩みやコンプレックスをお持ちならば、ちょっとしたスタイリングテクニックを習得すれば、毎日の生活にも明るさと自信が持てるようになります。

さらにスタイリングの小技を身につけて、他の人と差をつけましょう。

1 知っ得！スタイリング

ちょっとした小技やテクニックを使ってヘアスタイリングの幅をひろげましょう。

Q 毛束感を出すには？

A 手の平でのばしたワックスを指先につけ、毛束感を出したい場所の髪を掴んでねじります。

Q 毛先をハネさせるには？

A ハネさせたい向きに指で形を作り、下側からドライヤーをあてるのがポイント。ワックスをつけてハネ出します。

Q サラサラストレートにするには？

A ブローの前にトリートメント効果のあるフォームを髪になじませます。あとはブラッシングでサラツヤ髪です。

Q ブローはした方がいい？

A ムースやワックスだけでもブローは必要。温風でスタイルを決め、冷風に切り替えセットした髪をキープさせます

2 コンプレックス解消テクニック

絶壁をカバーするには？

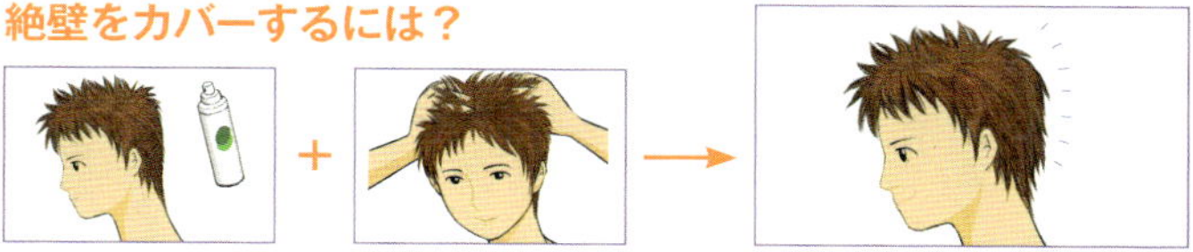

フォームでエアリーにスタイリングする。

頭の形がわからなくなったらスプレーを。

後頭部にボリュームをもたせ、やわらかで自然なラインに仕上げます。

薄毛に見えるときは？

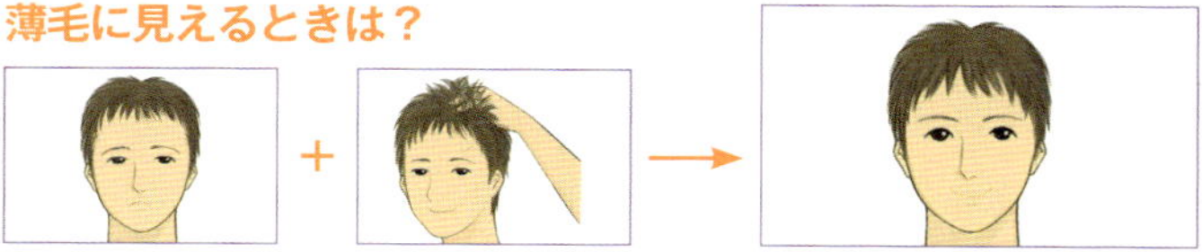

ワックスかフォームでトップから髪を前へ。

分け目を変えて不自然な感じが出ないように。

トップにボリュームが出せ、前髪を下ろすと若々しいイメージに。

面長を小顔に見せるには？

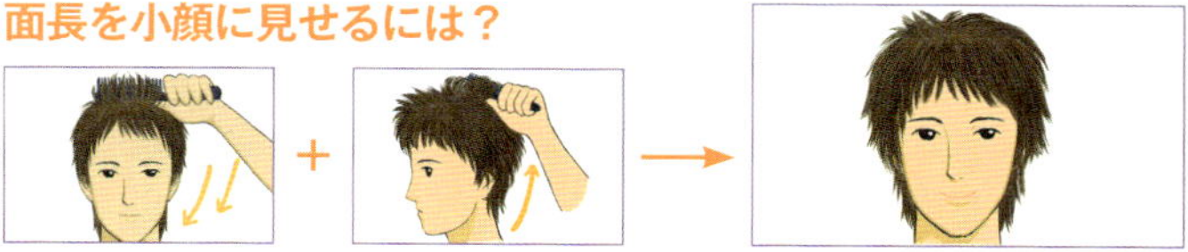

トップの分け目を変えブラシで前へおろす。

逆毛でボリュームアップ。スプレーでキープ。

前髪で顔面積を小さく。サイドはウェーブで卵顔&小顔に近づける。

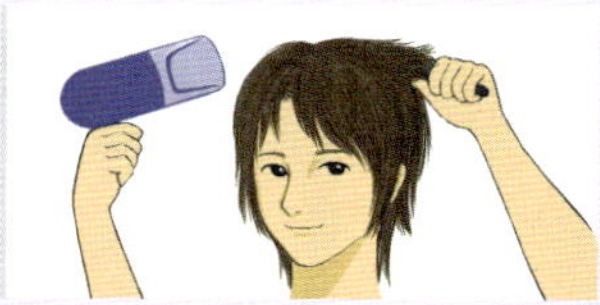

ドライヤーを上手く使う!

剛毛の人に多い前髪の浮き上がりは、ヘアウォーターで前髪を根元から濡らし、ドライヤーで押さえつけて落ちつかせます。逆にネコ毛で、ペタンとした髪にボリュームがほしい場合いはドライヤーを下からあてて直します。

chapter 2 ヘアケア

ひと手間で解消！寝グセの簡単な直し方

寝グセは忙しい朝の大敵

あわただしい朝、鏡の前で誰もが思わぬ「寝グセ」にあわてたという経験を持ってるのではないでしょうか。

寝グセは黄色人種、つまりモンゴロイドによく見られるもので、白人種や黒人種はなりにくい。まずは黄色人種に生まれた我が身を恨むより、寝グセにあわてない対策法を知りましょう。

1 寝グセの“傾向と対策”

原因を科学する

寝グセは、髪の主成分であるケラチンタンパクの性質により、その分子間に水素結合が起こってできるのため、水分を加えて結合を切れば直ります。

水分を加えれば直る？

水分を加えれば直るといっても簡単にいかないのが煩わしい「寝グセ」です。一番効果的なのはシャンプーをし直すか蒸しタオルをあてること。

これで解決できる

手っ取り早く「もっと短時間で直せないのか」という人向けにおすすめなのがヘアウォーターでのリペアです。しかし、効果的に上手く使わなければ意味がありません。

“寝る前”で予防する

洗髪の後のタオルドライとドライヤー乾燥で、手早く完全に髪を乾燥させておけば寝グセにはなりません。朝、慌てないためにも守りたいですね。

2 レベル別・寝グセ対処法

寝てる間に少しずつ髪が乾燥しておこるのが寝グセです。
ここで簡単に直せる方法をお教えします。

»軽度の寝グセ

クセのついた部分を束にして持ち、まずポイントとなる根元部分をヘアウォーターで濡らします。その後で毛先を軽く濡らしてタオルドライ。完全にドライヤーで乾燥させてスタイリングにとりかかります。

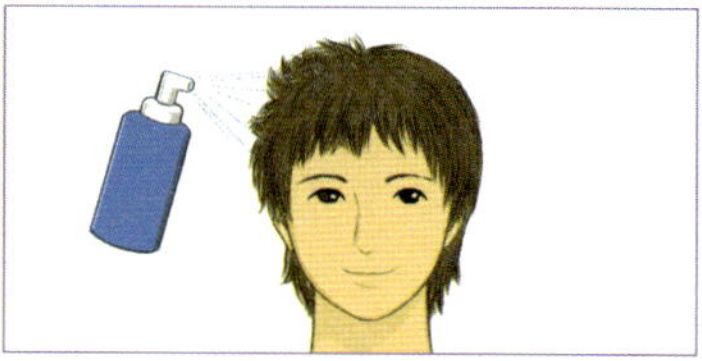

»忠度の寝グセ

水で濡らしたタオルをレンジで１分ほど加熱してインスタント「蒸しタオル」を作ります。これを頭全体に巻いて、5～10分程度蒸らしましょう。剛毛タイプの髪質の人に特におすすめする対処法です。

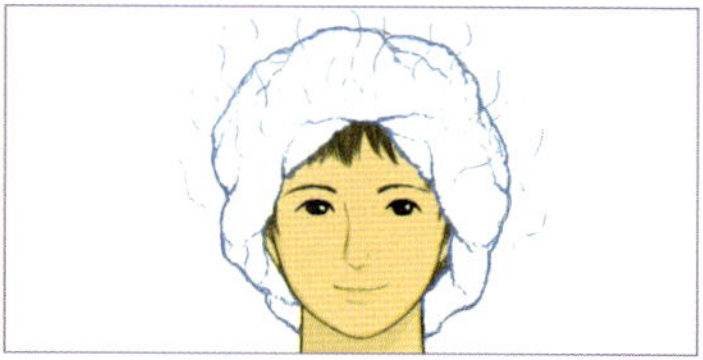

»重度の寝グセ

寝グセのついた髪の根元に、ごく少量のシャンプーをつけ、霧吹きなどで水を吹きつけます。レンジで温めた蒸しタオルを頭に巻いて蒸らした後、蒸しタオルと乾いたタオルでシャンプーを完全に拭き取ります。

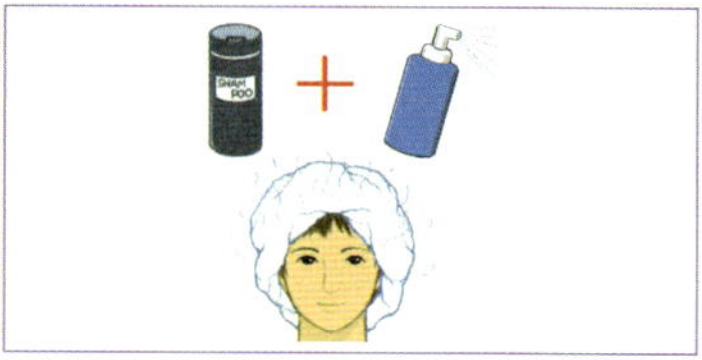

Key Point! 霧吹きに1～2滴 自家製「寝グセ直し」

市販品のヘアウォーターなどがない時は、水にリンスなどのトリートメント剤をごく少量加えた「寝グセ直し」を使ってみましょう。

chapter 2 ヘアケア

髪と頭皮をトラブルから守る「薄毛対策」自己診断法

不安をなくすために

ある調査結果によると、およそ9割近くもの男性が、将来「ハゲるかもしれない」という漠然とした不安を抱えているそうです。

しかし、髪や頭皮の状態を日々きちんと観察しチェックしておけば、その健康状態や危険度を把握できるだけでなく、正しい対処法をすぐに見つけることも出来るのです。

1 髪の危険信号CHECK！

□ 髪が細く、コシがない

毛髪1本1本が細くなったと感じたり、ハリがなくナヨナヨしていたら危険信号！

□ 髪がパサつく

頭髪全体がごわつく感じで、まとまりがなくなったと感じるようなら危険！

□ 髪の色が赤っぽくなってきた

染めたわけでもないのに、髪が赤っぽくなってきたような気がする。

□ パーマを何度もかけた

過度のパーマをかけた髪は、それだけで痛んでいます。

□ 1日の抜け毛が100本を越えている

正常な場合、抜け毛は100本を超えないといいます。もしも、これより多いなら危険！

2 頭皮の状態を完全CHECK！

あなたの頭皮の健康状態はどうでしょう？血行や皮脂の出方に気をつけてチェックしてみましょう。

□ 洗ってもすぐベタつく

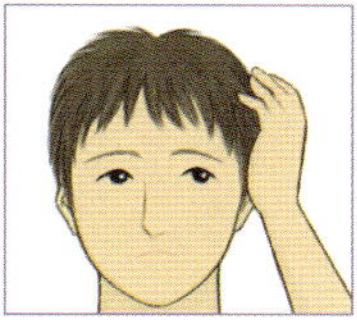

頭皮の皮脂が過剰すぎる状態です。頭皮の毛穴を徹底的に洗浄する必要があります。

□ フケがあり頭がかゆい

フケは頭皮が老化して剥がれ落ちたものです。毛穴をふさぐフケは早く取り除く必要があります。

□ 顔にニキビができる

顔にニキビがよくできるというのは頭部全体に皮脂が多い証拠。頭皮の皮脂チェックも入念に行いましょう。

□ 頭皮が押し上がらない

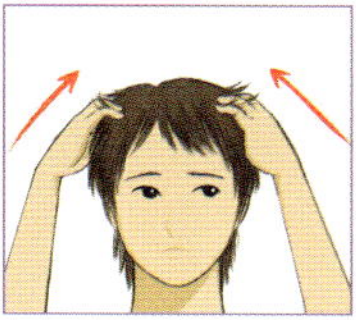

頭皮に指先をあておよそ2センチ以上押し上がるようならば健康な頭皮といえます。

□ 頭皮全体を動かせない

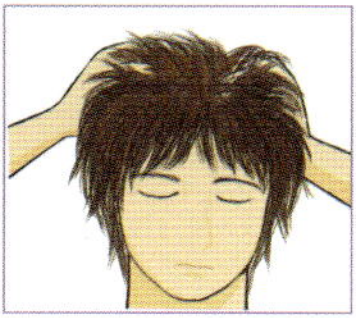

頭のどの部分も頭皮を動かせないような状態なら、頭皮全体が危険な状態になっています。

□ 髪を引いても痛くない

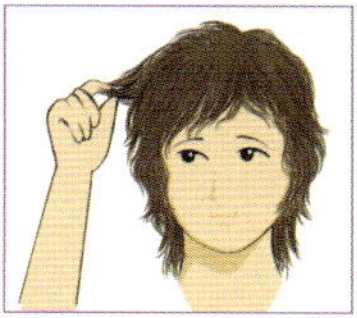

髪を引っ張っても痛みを感じない部位があれば、その部分の神経がにぶっています。

診断結果

1〜3個 ………… **危険度小** 対策をチェックする必要あり。
4〜8個 ………… **危険度中** 日々重点的ヘアケアを実行。
9〜12個 ……… **危険度大** 今日から対処法を実行しましょう。

chapter ② ヘアケア

生活習慣を見直そう “薄毛ケアと食生活”

薄毛対処の最善策は?

髪が薄くなる原因には、いろいろなものが挙げられていますが、特に日々のストレスや睡眠のとり方、食生活といった生活習慣、毎日のヘアケアなどがあげられます。

薄毛で悩む前に、特に重要視されている食生活や毎日の薄毛ケア、さらにはライフスタイル全般の見直しを今から始めてみてはいかがでしょうか。

1 薄毛防止“食”の三原則

食を規則正しく

栄養バランスの良い食事を1日3回、決まった時間に食べるようにしましょう。

髪に良いものを

血液をサラサラにする繊維質のものやミネラルを含む食材を多く摂りましょう。

深酒やタバコは控える

深酒で体のバランスを崩したり、タバコで血行不良になるのは考えものです。

2 今日からできる！抜け毛対策

効果のある睡眠法や血行の促進に有効なストレッチなど
すぐできる薄毛ケアを実施してみましょう。

POINT 髪と頭皮をしっかり洗い、よくすすぐ

しっかり洗い流す

ボディソープや入浴剤も頭皮に残さないように。

頭皮はやさしく洗う

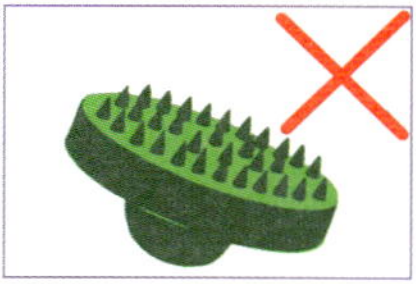

爪立てや洗髪ブラシは頭皮を傷つけてしまいます。

必ず泡を立てて洗う

シャンプーを直接頭につけると頭皮に残りやすい。

POINT 抜け毛に効く血行促進のツボ

中府（ちゅうふ）

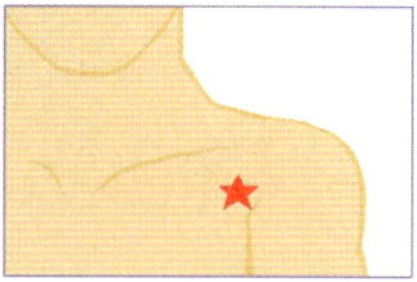

脇に近い鎖骨下側、親指幅１本分下を揉む。

完骨（かんこつ）

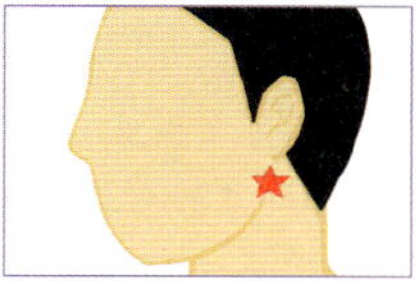

耳たぶの後ろにある窪の部分。親指で指圧。

百会（ひゃくえ）

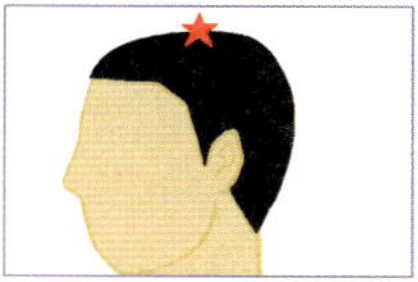

両耳と眉間から頭頂部に向かった点。中指で指圧。

POINT 首、肩こりの解消と十分な睡眠も大事

オフィスでもできるストレッチ

首や肩のコリを解消することで、頭皮への血行が改善され、髪に栄養が行き渡りやすくなります。

有効“育毛”時間 22～深夜1時

副交感神経が活性化する時間は成長ホルモンの分泌が盛んに。熟睡できれば髪の成長がより促されます。

Colum 02

髪育良食

髪に良い食品を知ろう

海藻類は「髪のために良いからたくさん食べなさい」みたいなことを聞いた覚えがあります。

実際は、海藻類をいくら食べても髪が増えるということはないのだそうですが、海藻類に多く含まれるミネラル成分が髪にツヤを与え、育毛に効果があることは間違いないのだそうです。

たぶん昔人が漢方などと同じく、体験的に海藻類が髪のツヤに効果があるのを知り、このような口伝が生まれたのではないでしょうか。それだけ、美しく健康的な髪が大切なものなのだと心に留めてきたのでしょう。

食べる〝ヘアケア〟

ヘアケアに直接関係のある栄養素というものに注目してみると、抗酸化作用に効果がある緑黄色野菜のビタミンE。柑橘類に含まれるビタミンC、また豚レバーや牛乳に含まれるビタミンA、B_2やB_6などが髪の健康を維持するために不可欠。また、毛髪の主成分であるタンパクを補強するために乳製品や大豆に含まれる良質のタンパク質が有効なことは明らかです。

また、血行の促進に有害な悪玉コレステロールを善玉コレステロールに変えるとされるＤＨＡは頭皮を健康にします。

さらに昨今無機亜鉛が髪の細胞分裂や再生を促進するミネラルとして熱い視線を浴びています。

chapter③

ボディケア

chapter 3 ボディケア

男のボディにニオイは大敵 原因を知って対策を！

ニオイケアは清潔から

女性は男性より体臭が強くはないのに、ニオイには敏感。つまり男性のニオイ対策は、男性自身が感じる以上に必要性が高いのです。

体臭を防ぐにはとにかく清潔を心がけましょう。毎日お風呂に入ることと、かいた汗はすぐにふくこと、まずはこの二つの基本的なことから徹底しましょう。

1 体臭の原因って何？

汗を放置すると雑菌と反応しニオイが出ます。これがいわゆる体臭です。汗をこまめにふき取る習慣をつけることがニオイケアの第一歩です。

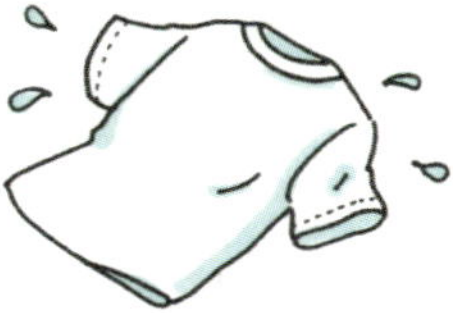

肉や乳製品を食べると、ニオイの元となる皮脂分泌が活発になり、発汗作用も高まってしまいます。ニオイが強い場合は肉などの摂取を控えてみるのも効果的です。

食べたものと体臭は関係が深いので、体臭予防には有臭食品といわれる、ニンニク、にら、ねぎ等は食べる量を控えた方が良いでしょう。

2 ニオイの発生源と対策すべきポイントはココ

特に気になる体臭は、人それぞれ違うものですが、全身での体臭の発生源を知って、それぞれの対策をとりましょう。

頭

頭皮や髪にたまった皮脂は、放置するとニオイの原因に。
しかも髪の毛には、タバコ等のニオイが移りやすく吸着してしまうので、毎日シャンプーをする習慣をつけよう。

口

唾液が少ないと細菌が繁殖して、口臭が発生する。口臭予防には、食事の際によく噛むことを習慣づけよう。
歯磨きやガムで食べかすを歯に残さないことも大切。

足

水虫はきちんと治療しておくのは当然としても、一日中革靴で歩きまわると誰でも臭くなりがち。防臭性のある靴下や通気性の良い靴を履いて、少しでもニオイを軽減しよう。

わき

汗とは少し違うワキのニオイの発生元はアポクリン腺。
制汗剤や消臭剤を使用したり、吸湿性の高い下着を着ける等、万全の対策をしよう。食生活の改善も有効。

chapter 3 ボディケア

強いニオイの原因をチェック 原因別の予防法を知ろう!

体臭は汗のせい?

体臭がかなり強く、清潔なはずなのにニオイが気になるならば、ワキガを疑ってみるのも一つの手です。ワキガのチェックポイントを知って確認しましょう。但し、ワキガは基本的には手術でしか改善できません。ワキガでない場合は、ライフスタイルの改善で体臭はかなり防ぐことが出来ます。

1 自分の汗についてチェック

□ ワキ毛の量は?

わき毛が多いと汗を出す汗腺の量も多くなり勝ちです。汗を多くかきやすいため、体臭が強くなる傾向があります。

□ ワキの汗の質は?

汗は基本的に水っぽくサラサラしているもの。粘り気のある汗ならワキガかもしれません。

□ ワキの下の黄ばみは?

ワキガの汗は通常の汗と異なり粘り気のある乳白色で、服につくと黄ばんでしまいます。

□ 遺伝の可能性は?

ワキガは遺伝性のものです。かなりの確率で子供に遺伝するので家族にワキガの人がいる場合はワキガかもしれません。

2 ワキガと判断する前にまずは対策を試そう

汗は体臭の原因になります。汗を出にくくしたり、汗をかいた後のケアをしっかり行って、体臭の発生を予防しましょう。

衣

かいた汗を素早く吸収してくれる下着なら、臭う前に汗がなくなるので臭いを防げます。吸汗速乾性の機能下着で汗を素早くなくしましょう。

食

脂肪分は汗腺を刺激します。肉料理や乳製品は控え、魚介類や緑黄色野菜を多く食べると良いです。ケーキ等も避けた方がよい食べ物です。

洗

汗は雑菌と混ざることで臭いがしてきます。殺菌効果のある薬用石鹸を使ったり、汗をかいたらさっと素早く拭き取れば臭いは抑えられます。

保

汗をかく前に予防をすれば良いのです。制汗剤を効果的に使って汗を減らしましょう。また、消臭剤により雑菌との反応を防げば大丈夫です。

≫それでも改善できないときは専門医へ相談

制汗しても臭いがなくならない場合は、ワキガだと思われます。ワキガ治療は皮膚科で行われています。主な対処法はレーザー法、吸引法、切除法、超音波法等です。効果や術後の回復期間等、それぞれに長所と短所があります。

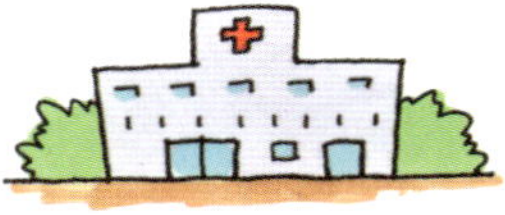

chapter 3 ボディケア

汗対策は男性の必須課題 こまめに拭く習慣を！

男性には汗ケアが必須

汗をかきはじめる温度は、女性が32度なのに対し、男性は30度と、男性の方が2度も低いというデータがあります。汗っかきというと男性というイメージがありますが、科学的にも証明されているという訳です。つまり汗をかくのは当たり前のことと覚悟して、それにしっかり対処することが大切なのです。

1 汗はかきっぱなしにしない

ハンカチ・タオルでやさしく拭き取る

汗をゴシゴシこすって拭くと、肌表面が傷つき荒れてしまいます。夏場等汗を頻繁に拭き取る場合は特に、ハンカチやタオルを優しく体に当て、汗をそっと吸い取るようにしましょう。

ぬらして使うのが体臭予防に効果的

間断なく汗が吹き出るような場合、わずかに拭き忘れた箇所から体臭が生まれます。そんな時にはハンカチやタオルを水でぬらして、汗を拭くようにすれば一層効果的です。

2 それぞれの汗ケアのポイント

体の場所毎に汗自体を抑えるのが有効であったり、放置しないことが重要であったりと、汗ケアのポイントは違います。

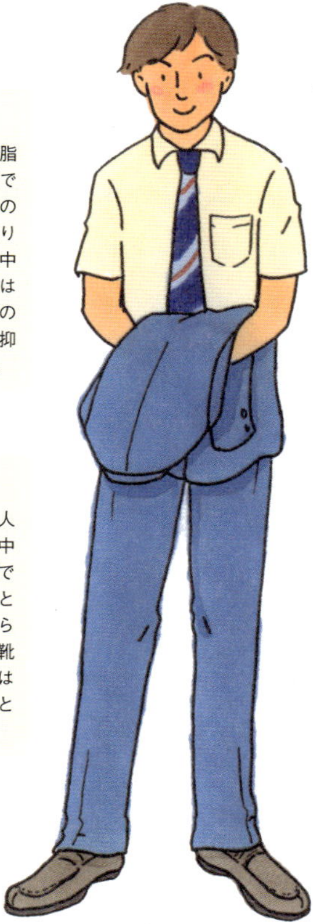

首元

汗だけでなく、皮脂分泌も激しい場所であるため、シャツの襟元汚れへの気配りは欠かせない。日中のコマメな汗拭きは当然だが、食生活の改善で皮脂分泌を抑えることも有効だ。

頭髪

毎日シャンプーをしていても、日中に頭皮がベッタリしてしまう場合は男性ホルモンによる皮脂分泌が過剰なことが原因の場合も。自分の髪にあったシャンプーを探すのがお勧め。

足

足のニオイが強い人が多いのは、靴の中の密閉された空間でかいてしまった汗と雑菌が反応するからだ。通気性の良い靴を選べば、ニオイは半減させられることを覚えよう。

ワキの下

衣服に密着している場所であるため、ニオイはもちろん、シャツの汗ジミや黄ばみの元にもなってしまうので要注意。
正しい洗濯も心がけて、見た目の清潔さにも配慮が必須だ。

chapter 3 ボディケア

便利アイテムを駆使してやっかいな汗をケア！

汗ケアを毎日の習慣にしよう

不快なニオイの原因となる〝雑菌の繁殖〟を抑えるには汗を防ぎつつ、かいてしまった汗を早めにケアすることが大切です。

便利なアイテムが色々あるので、それぞれの特性を知ったうえで活用してみましょう。万全の対策で、やっかいな汗のケアを実践しましょう。

1 汗対策の便利グッズ

汗を抑える

ニオイの元となる汗自体が出るのを抑えてしまえれば、ニオイの心配は激減する。汗をしっかりふき取った清潔な肌につけるのが効果的。消臭や微香のある商品もあるので好みで選ぼう。

Ban　デオドラントパウダースプレー無香性（医薬部外品）45g（ラ）

汗をキレイに拭く

汗のベタツキ解消には、シートタイプがとても便利。
制汗成分、防臭（殺菌）成分、清涼成分等の複数の成分が配合されたものもあるので、賢く活用して長時間ニオイをブロックしよう。

ギャツビー　さらさらデオドラント　ボディペーパー　クールシトラス（医薬部外品）10枚入（マ）

2 各アイテムの特性を知った上で使おう

汗とうまく付き合うためのアイテムを使いこなすために制汗剤、デオドラント剤、フレグランスの役割の違いを覚えましょう

デオドラント剤の働き

Ban 男性用ロールオン（医薬部外品）30ml（ラ）

デオドラント剤とは消臭・殺菌効果のある成分が配合された商品のこと。具体的な成分としては、重曹、銀イオン、緑茶エキス等がある。

レセナ ドライシールド パウダースプレー 無香性（医薬部外品） 90g（ユ）

フレグランスの働き

フレグランスは、身体に心地よい香りを付けるために清潔な肌に使用する商品。耳の後ろ、手首、腕の内側等、体温の高いところにつけよう。

グルーミング フレグランス（レ2）

制汗スプレーの働き

制汗剤とは汗を吸収する吸収剤（さらさらパウダー）や汗を抑える収れん剤（ミョウバンやアルミニウム等）などが配合された商品のこと。実際は消臭効果も加えられ制汗・デオドラント剤として出ているものも多い。

chapter 3
ボディケア

夏場の汗対策に機能性インナーを試そう！

カッコよく汗をかこう

仕事で、またスポーツなどで汗をかくのは当たり前です。「光る汗は頑張った証拠」というフレーズもありました。

しかし、やっかいなのが汗臭さや湿ったアンダーウエアやシャツの類。しかし、すぐに着替えられる場所も時間もないというのが実情です。

そこで、最近注目の機能性インナーを取り上げました。

1 汗で男がすたる!?

夏の外出先で、汗で全身ぐっしょりなんて、何度も経験あるはずです。しかも汗で肌に貼り付いた衣類の不快さを思うと、外に出る足も鈍ってしまうものです。

さらに、いつまでもアンダーウエアやシャツが乾かず、汗の臭いで周囲に気を遣い、しかも仕事中で着替えもままならず、脇や背中が汗ジミになり、乾いたあとも衣類から汗臭さが消えないなんて…変えてみませんか！

2 活動的アクティブ男の汗対策

汗をかいて仕事をする男はカッコ良くないといけません！
そんな男を支える汗に強いインナーがあります。

下着もビズアイテムに 男性用機能性インナー

汗をかいてもサラッとした着心地で不快感がない、また通気性があって、乾燥も早く、蒸れやすいレッグ部分も涼しく快適に過ごせるなど、これまでの男性用下着とは一線を画すアンダーウエアが、機能性インナーとして注目されています。

クールビズもカッコよくきまる

高機能タイプ	着ているだけで体脂肪を燃焼させる機能を持ったもので、マッスル系などと呼ばれています。最近では、これに通気性を取り入れたものもあるようです。
速乾消臭系	まったく新しい繊維素材を使ったものが多数出まわっています。汗や水分を逃し、通気性を良くした特殊な繊維構造や消臭機能がプラスされたものがあります。
スポーツ系	体を保温し温める効果をもたせたもので、風の強い野外での利用を目的としています。最近ではゴルフ用アンダーウエアとして人気があるようです。

chapter 3 ボディケア

自分では気づきにくい口臭 原因を知って予防しよう！

自分の臭いは分からない

足の臭いや体臭等の不快なニオイは自分では気づきにくいものです。特に口臭は自分では分かりづらい一方、他人には気づかれやすいニオイのひとつです。

話をしているときにあなたの顔を見てくれない、嫌そうな顔をしている、そんなときは「もしや口臭では……」と疑ってみましょう。

1 自分でできる口臭チェック法

□ コップを使ってチェック

身近なコップにふっと息を吹き込んで手でふたをして下さい。ひと呼吸おいてコップの中のニオイを嗅いでみましょう。コップの中にニオイがあれば口臭です。

□ 舌の表面をチェック

舌の表面が白かったり黄色味がかっていたら乾いたタオルで拭き取って臭いをチェックしてみましょう。ニオイがあれば、それは口臭となる舌苔（ぜったい）です。

□ 市販の機器でチェック

自分の口臭を自分でチェックするのはなかなか難しいものです。自分ではよく分からないという人は、息を吹きかけるだけで口臭を判定する、市販の判定機で試してみるのもお勧めです。

2 口臭の3つの原因

口臭の主な原因は3つあります。口臭の原因をきちんと理解して
それぞれの原因にあった対策をしっかりとりましょう。

ドライマウス

唾液には口内を洗浄する作用があります。唾液が少ないドライマウスは口臭の原因になります。

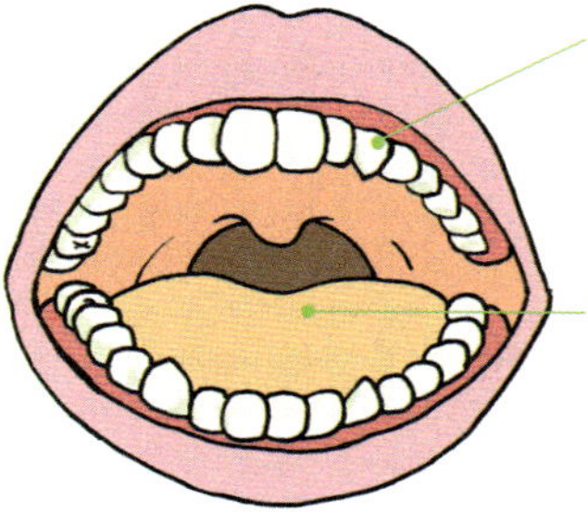

歯垢

食べカスに口内の細菌が作用してできた代謝物。
口臭はもちろん歯周病や虫歯の原因になります。

舌苔（ぜったい）

舌の上皮に細菌や食べカスが付着したものです。
ストレスで唾液が減ると発生しやすくなります。

3 口臭対策は日ごろからの予防がカギ！

ガムで唾液を分泌

いろいろな口臭予防のガムは即効性があってとても便利です。またガムをかむことで唾液の分泌が促され、口臭予防に一石二鳥です。

舌苔をとる

舌苔はこすると簡単にとれます。毎日タオルや柔らかい歯ブラシを使って舌苔をとりましょう。舌苔用のブラシも市販されています。

食後に効くお茶

お茶に含まれている、カテキンやフラボノイドなどの成分が口臭を予防します。そのため食後のお茶は口臭を抑える効果が有ります。

食後の歯みがきを徹底

口臭の原因となる食べカスは、食後20分で腐敗がはじまります。
食後の歯みがきを習慣にして、口臭の原因を取り除きましょう。

chapter 3 ボディケア

正しいブラッシングでキラッと白い歯になろう！

輝く白い歯で好印象に

あなたの歯が黄ばんでいたら印象は大きくダウンします。
一方歯が白く輝いていれば、話し相手から好印象を持たれ自分自身も自信を持って話ができるものです。それはビジネスシーンもプライベートも同じ。白い歯を作るためにはポイントを押さえた毎日の歯みがきが必須です。正しいみがき方を覚えましょう。

1 歯ブラシと歯みがき粉の選び方

正しいみがき方ができていても、歯ブラシが自分に合っていないと効果は半減してしまいます。歯ブラシは自分の歯茎の状態により選びましょう。歯周病の人は歯茎が腫れているので柔らかめのものでしっかりみがくことが大事です。また月に1回は交換するようにしましょう。歯みがき粉は様々な成分のものがあるので、自分の歯の状態にあった効用のものを選びましょう。

歯みがき粉の効用

フッ素	フッ素は歯垢（プラーク）の働きを抑えて歯質を強化することで虫歯を予防します。
アパタイト	アパタイト入り歯みがき粉は、歯を再石灰化させることで初期の虫歯を修復します。
酵素	酵素が歯垢（プラーク）を分解・除去することにより虫歯予防や口臭予防になります。
血行促進剤	歯茎の血行を良くし組織の代謝を活発にすることで歯周病予防に効果があります。

2 正しいブラッシングでお口を快適に

毎日きちんと歯をみがいていても、みがき方が正しくなければ
効果は半減してしまいます。正しいみがき方を確認して下さい。

1 柄の中央を持つ

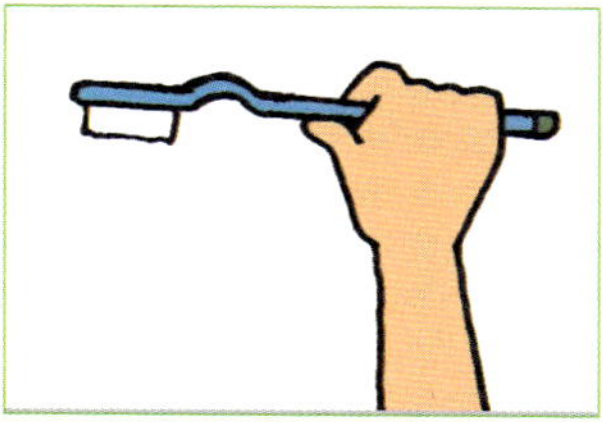

歯みがきは歯垢の除去や歯茎のマッサージのために行います。そのため軽く細かく行うようにしましょう。柄の中央部分をお箸を持つ感じで軽く握ります。

2 場所によるブラシの当て方

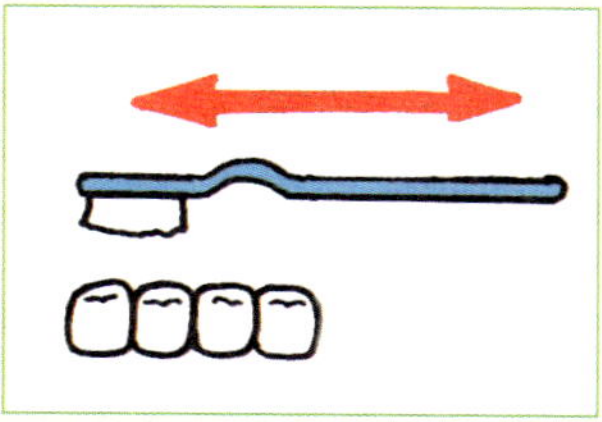

歯の場所によりブラシの当て方が異なります。噛み合わせ部分は歯ブラシを平行にあて、歯の表側は歯ブラシの全体で、歯の裏側は歯ブラシを縦に当てます。

3 場所によるみがき方

歯の場所によりみがき方も変わります。噛み合わせ部分はゴシゴシこすります。歯の表面は小刻みに振動させると良いです。裏側は縦に小刻みに動かします。

4 歯茎との間は４５度

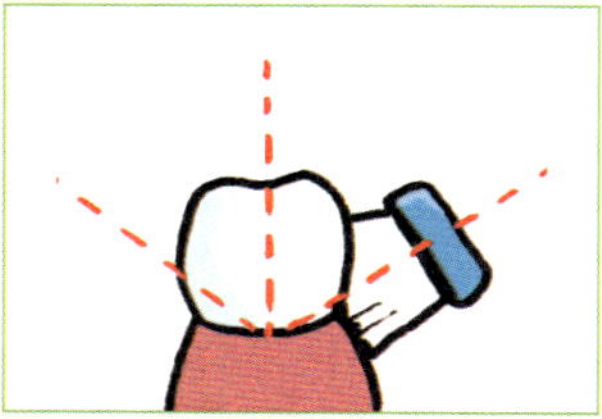

歯茎との間は歯垢がたまりやすいので、歯垢を除去するには歯茎と歯の間は４５度の角度で歯ブラシを当てるのが効果的です。マッサージ効果もあります。

chapter 3 ボディケア

口臭ケアには口内ケアに加えて胃のケアも必要

鍵を握るのは唾液！

口臭の主な原因は食べカス、歯垢、歯石など歯のお手入れ不足が原因です。また舌苔の影響も大きいといえます。但し唾液さえ十分に分泌されていれば、口内の衛生環境は十分に維持可能。

しかし胃が不調だと唾液が不足するため、口内衛生環境は一気に悪化して、口臭が発生する場合が多いのです。

1 口臭の原因はコレ！

ケア不足の歯はニオイ発生源

口臭の一番の原因は虫歯、歯周病、歯石、歯垢、歯についた食べかす等、ケア不足の歯が原因の細菌が原因です。デンタルケアは口臭防止の重要ポイントです。

舌苔も主なニオイ発生源

舌表面についた白い垢、舌苔がついたままだと細菌が繁殖しニオイが発生。十分な唾液が出ていれば舌苔は流されますが、溜まっていたら取りましょう。

ストレスもニオイの原因に

殺菌・浄化作用があり、細菌繁殖を防ぐ役目を持つ唾液は、口内衛生を保つのにとても大切です。但しストレス等で胃が悪くなると、唾液分泌が減ってしまい、口臭の原因となります。

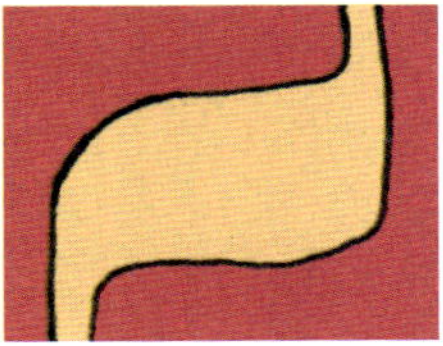

2 口内の衛生環境を良くして口臭を防ごう

虫歯や歯周病があったり胃の調子が悪くて唾液が十分に出ない場合もあるはず。それでも口臭を防ぐコツを覚えましょう。

食後の緑茶が有効

殺菌効果のある緑茶を飲んで口の中の粘つきを防ごう。

有臭食品には注意

体調が悪い時は臭いが残りやすいので、食べないように。

タバコは胃にも影響

歯のヤニはもちろん胃にダメージを与えるタバコは極力控えよう。

食事は胃腸に配慮を

野菜やヨーグルトを食事に取り入れて、胃腸の働きを整えよう。

≫いざという時の口臭防止グッズ

ついついニオイの強いものを食べてしまった時等は、即効性のある、ミストやタブレット等のマウスケアアイテムを利用しましょう

(右) エチケット　マウスミスト　キシリトールミント (ラ)
(左) ブレスエイド　フレッシュミント (ラ)

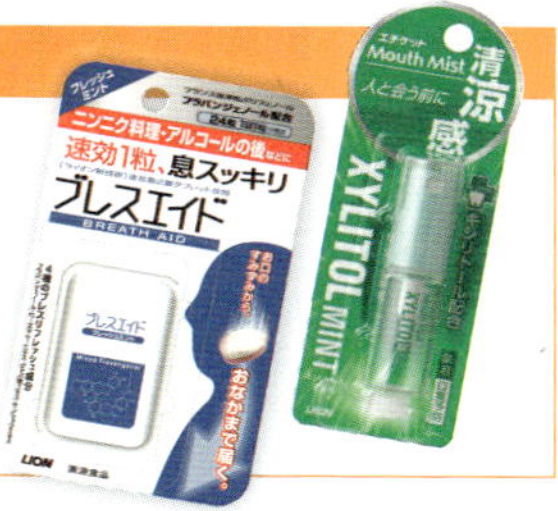

chapter 3 ボディケア

足のニオイはムレ対策と毎日のフットケアが肝心！

通気性確保が防臭の鍵

靴を履いている限り、足は密閉された空間に閉じ込められてしまいます。

足元の通気性が悪くなっている場合には、蒸し暑くて汗をかきやすいだけでなく、かいた汗からニオイの発生する速度が急激に高まります。

足のニオイ対策は通気性を良くすることと、清潔に保ち抗菌・防臭すれば万全です。

1 シューズのムレを防ぐ

□ 通気性の高いものを選ぶ

靴がきついと血液循環が悪くなり汗をかきやすく、ゆるい場合も、靴の中で足が動き汗をかきます。ジャストフィットな靴選びは制汗の面でも重要です。

□ 1日中履かない

同じ靴と靴下で一日過ごせば、ニオイはつきもの。夏場に終日外出する場合は靴下だけでも履き替えましょう。それが無理なら消臭スプレーでマメにケアしましょう。

□ 保管に気をつける

履いた後の靴はしっかり陰干ししてから、通気性の良い場所に保管しましょう。箱に入れなければならない場合は乾燥剤を入れます。長期保存する場合は、靴を磨いた後除菌消臭スプレーをかけましょう。

2 毎日心がけよう、消臭フットケア

足は指と指の間からのニオイケアが大切です。洗った後に
消臭スプレーを使ったり消臭タイプの靴下を履くのも有効です。

1

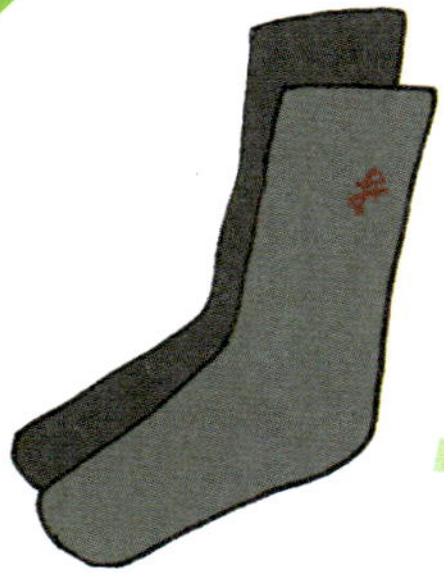

その1 足裏・指間をよく洗う

靴と靴下を長時間履き続けた足にたくさんついた雑菌は、その日中に落とさないと、水虫等の原因にもなります。特に足の指の間は汚れが残りやすいため、しっかりと広げながら薬用石鹸等で洗うようにします。

2

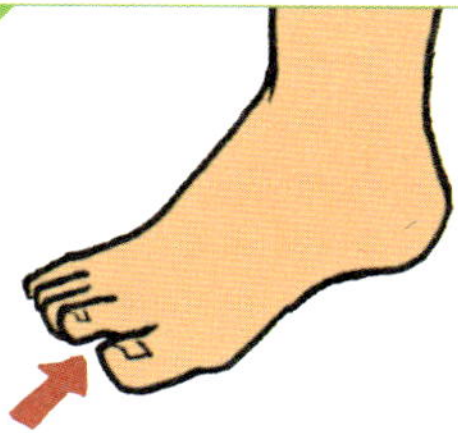

その2 足に水分を残さない

せっかく念入りに足の指の間を洗っても、それが乾くより早く汗をかいてしまえば、効果なし。足を清潔にした後はすばやく乾燥すると消臭効果が高まるので、消臭・殺菌効果のあるパウダーを使うのがお勧めです。

3

その3 靴・靴下も消臭性のものを

フットケアを万全にした次は、身につける靴下や靴についても、消臭効果のあるものを選びましょう。通気性を良くしたものと炭・竹・銅等の成分を使った抗菌・消臭効果のあるものがあります。

chapter 3 ボディケア

急がば回れ!? 美肌ケアとニオイケアは内側から！

ボディは食で作られる！

美肌には健康、さらには健康的な食生活が欠かせません。自炊が健康に良いと分かっていても、一人暮らしをしている場合は、なかなか難しいものです。

しかしコンビニ弁当に頼っている毎日でも選び方次第で、バランス良い食生活は可能です。サプリメントを追加すれば、申し分無しです。

1 コンビニ弁当も活用次第

その1

お弁当は品数で勝負

品数が多く彩り鮮やかな食事は満腹感大！

その2

油物は限度を守って

一食に1品、週1回だけ等、限度を決める

その3

野菜を1品足そう

サラダ等の惣菜やジュースで野菜をプラス

2 足りない栄養素は、サプリで手軽に補給

美肌とニオイケアには体内環境の改善が有効。食生活や体内循環の改善からストレス解消まで色々サプリに頼っちゃいましょう。

栄養素のベースを高めよう

»マルチビタミン&ミネラル

欧米化した食生活やストレス等で大きく失われた栄養摂取量のベースアップを狙おう

ネイチャーメイド
マルチビタミン&ミネラル（大）

緑茶由来のリラックスサプリ

»テアニン

口臭の原因にもなり得るストレスの解消には緑茶に含まれるアミノ酸、テアニンが有効

リラックスの素（D）

肝臓に蓄えられビタミンA！

»カロテン

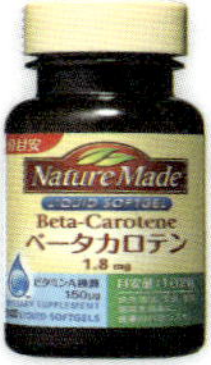

吸収率が低く不足しやすいが、皮膚や粘膜の健康維持に役立つ大事な栄養素

ネイチャーメイド
ベータカロテン（大）

便秘の悩みを解消して美肌に

»食物繊維

美肌の大敵、便秘の撃退には、十分な食物繊維が必要。サプリメントでコマメに補給を

食物繊維（D）

不摂生で加速する酸化を防ごう

»ビタミンE

肌老化は酸化が原因。ビタミンEの抗酸化作用で体内酸化を防ぎ、美肌を狙おう

ネイチャーメイド
ビタミンE200（大）

飲みすぎはサプリでリセット

»ウコン

主成分クルクミンは肝機能の強化で有名だが、実は抗酸化機能も高く、美肌にもお勧め

濃縮ウコン（D）

chapter 3
ボディケア

ビジネスシーンでも好印象 男のハンド&ネイルケア

ケアした指先は好印象

手や爪が不潔であるのは論外ですが、キレイにケアされていた方が印象が良いことは、男女とも同じです。ハンドケアが行き届いているのに、爪が伸びていたり汚れていたら、かえって目立ちます。ささくれも、不健康な印象を与えてしまうので注意が必要。手足とも、正しいケアの仕方を覚えましょう。

1 手洗い&ハンドケアの基本

1 よく泡立てて洗う

汚れやバイ菌は細かな泡で洗い流せます。ぬるま湯をつけて手をよくこすって、たっぷりの泡を作りましょう。

2 爪の間をしっかり

爪にたまったゴミや汚れもこするように洗うとよく取れます。全ての爪を忘れずに洗ったら、最後はよくすすぎましょう。

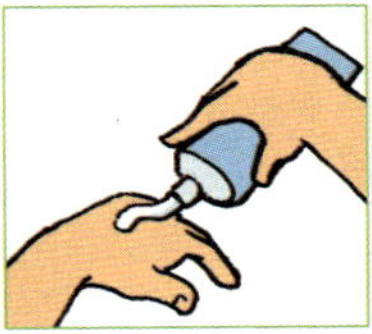

3 クリームでケア

ガサガサ肌を防ぐための第1ステップである丁寧な手洗いの次は、クリームを塗ってしっかり保湿。こまめに塗りましょう。

2 正しい爪の切り方で魅力的な手足に！

男性が爪をケアする際のポイントは、ごくシンプルなものです。
ちょうど良い長さに切る、これにつきます。

POINT 手指の爪は指に沿った形に

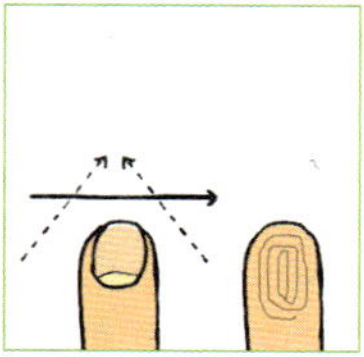

裏側から見て爪先が指と同じラインに来るのがベスト。
爪の白い部分を多少残すようにしよう。

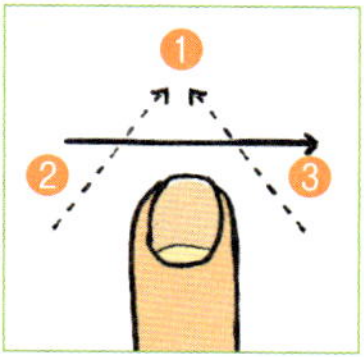

爪先は弓なりになっているので爪切りで切る時も、ヤスリをかける時も、３回に分けるのがお勧め。

POINT 足の指の爪は、深爪に注意

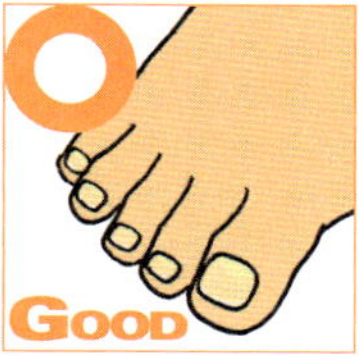

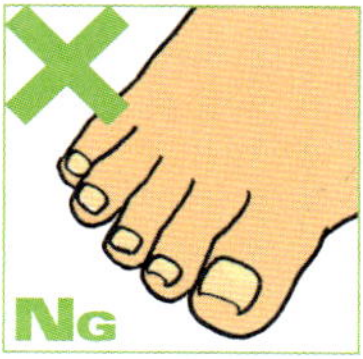

足の爪は上から見て、スクエアに見えるようカットしよう。
角は必ず肉の上に来るようにするのがポイント。切り過ぎると角の部分が徐々に肉に食い込んでいき、巻きヅメになってしまうので注意。

これはNG ヤスリ使いも習慣にすればラクラク

爪切りで切りっ放しでは、滑らかさに欠けた感じが残るので仕上げにヤスリを使うのがお勧め。爪切りと同じように、正面、左右の順で。爪の切り口に対して４５～９０度の角度に当てると良い。

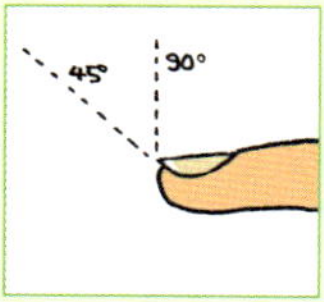

chapter 3 ボディケア

気にする女性も多いムダ毛 男も意識を高めよう

清潔さがポイント

男性もムダ毛を処理するのが当たり前になってきた昨今ですが、ムダ毛を気にする基準はまさに人それぞれ。客観的な基準があるとするならば、それは不潔に見えないかどうかです。ムダ毛については、意見が分かれるので過剰に気にする必要はありません。女性っぽく見え過ぎないようにするのもポイントです。

1 体毛に関するQ&A

Q 体毛はそると濃くなるって本当？

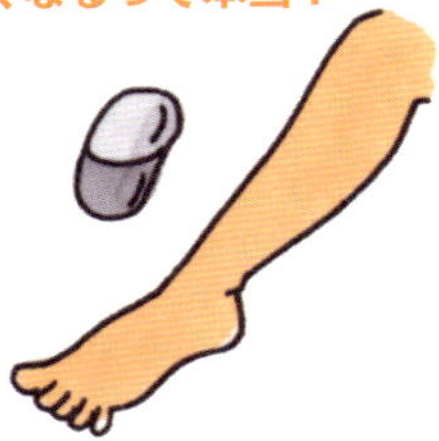

そることで体毛が濃くなるという医学的根拠はないといわれています。但しカミソリでそった毛先はそる前と比べて断面積が広いため、濃いように感じるようです。

Q 突然、長い毛が数本だけ生えてくるのはなぜ？

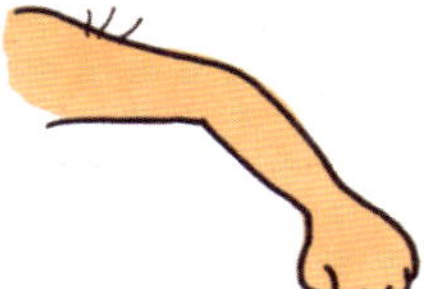

毛周期制御が乱れて成長期が長くなった場合と毛の伸びる早さが早まってしまった場合に起こります。場所によっては男性ホルモンが過剰になっている場合もあります。

2 気になる「男のムダ毛」はこの部分！

脱毛サロンに通う男性も多くなって来た昨今ですが、
どの程度脱毛したらいいのかという悩む人もいるようです。

耳毛
少しでも飛び出ているだけで、不潔に思われたり、オジサンっぽく思われたりする可能性も。

胸毛
実は女性の関心が最も集中しているのはここ。濃いことに抵抗がある無しは人それぞれ。

腹毛
胸毛についてはセクシーと思う人もいる一方、腹毛はイメージダウンという人がかなり多い。

手足の指毛
指先を手入れしている人は少ないかもしれません。しかし手はとても目につく場所なので、処理は必須。

鼻毛
顔が美形だったり、ファッションがキマっていても、鼻毛が一本出ているだけで全てが台無しに。

ワキ毛
男性がそるのはＮＧだが、あまりにも多過ぎると不潔な印象を与えかねないので適度に処理を。

腕毛
手の甲に続くほど腕全体に剛毛が生えていたり、密集度が高かったりすると、敬遠される場合も。

もも・すね毛
毛の色の濃さと生えている密集の度合いで不快感を感じる人も。ツルツルがＮＧな人も意外と多い。

chapter ③
ボディケア

男のムダ毛対策 場所別ケアチェック

1 ムダ毛対処は２種類

ムダ毛対処法は大別すると、毛を取り除く方法と毛を目立たなくする方法の二つがあります。

除毛・脱毛する VS **目立たなくする**

シェーバーでカット

程よい長さにカット可能なシェーバーも

脱毛グッズを活用

テープやクリームも部位によっては便利

メンズエステで脱毛

処理が面倒な場合はプロに任せよう！

肌に近い色に染める

毛が太すぎない場合は染めて対応もＯＫ

日焼けする

日焼け肌の上なら毛も目立たない

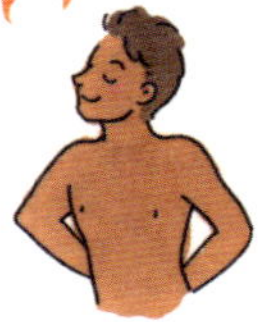

着こなしを工夫する

自分の体毛が濃い所は隠す着こなしも有効

2 気になる「男のムダ毛」はこの部分！

体毛は生える場所によって、毛のタイプも原因も異なります。
体毛の種類に適した脱毛方法を見つけましょう！

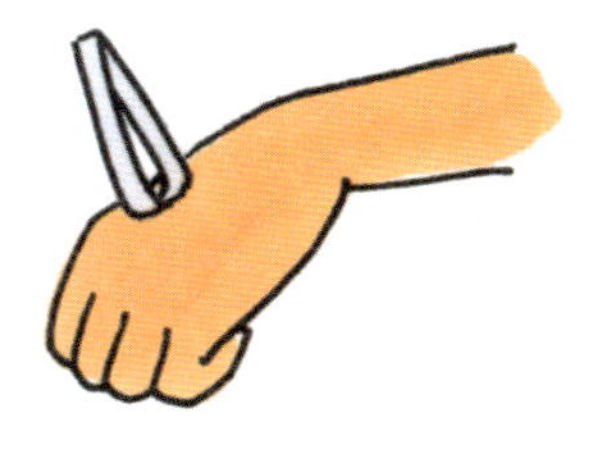

手足の指の毛

≫毛抜きでキレイに仕上げよう

指毛の処理でお勧めなのは、毛抜きで1本ずつ抜くことです。
カミソリでそると毛の断面が鋭角になるので、少し生えてきた時に濃く見えてしまうので対象面積が狭いだけに向いていません。

腕・もも・スネの毛

≫日焼け・脱色が効果的

毛の状態は人によって様々なはずですが、対象面積が広いため毛を取り除くことなく目立たせなくする方法、つまり肌を日焼けさせたり、毛を脱色する方法がお勧めです。脱色は脱毛よりも頻度を抑えられる利点もあります。

胸毛・腹毛

≫広範囲な部位はクリームで

比較的しっかりとした太い毛が生え易いので、カミソリでそると、生え始めの時にチクチクしたりするので、クリームで皮膚の表面に出た毛だけを処理するのがお勧めです。但し、毛を溶かして処理をするため、肌が荒れる場合があります。

体をきちんと洗って清潔感を維持しよう

女性目線で体を洗う

男性は目につくところを中心に洗い勝ちです。でも、目につくところを洗うのは当然のことです。気を遣うべきは見えないところです。チャチャっと簡単に体を洗うのではなく、丁寧に体を洗うことで気になる体臭も消えていきます。女性目線を意識して丁寧に体を洗うと、脱いでもすごい（？）自分になれます。

1 ボディを洗う基本の3STEP

STEP 1 石けんをよく泡立てる

石けんやボディソープを入浴用のボディタオルを使ってよく泡立てます。きめ細かいたくさんの泡が肌への負担を最小限に抑えます。

STEP 2 先端から中心へ洗う

血行を促進し、新陳代謝を高めるために、指先や足先から体の中心に向かって洗うとよいです。先端から中心に洗うと心臓にも負担をかけません。

STEP 3 体をなでるように

男性は体をゴシゴシ強く洗っている人が多いのではないでしょうか。本当は肌を傷めないようになでるようにそっと洗うのが正解です。

2 しっかり洗う体の場所はココ！

毎日体を洗っても、洗い方が不十分な場所はあるものです。
特に気をつけて洗うべき場所は6カ所です。

背中

背中はしっかり手が届かないため、きちんと洗えていないことが多い場所です。そのため、にきびができていることが多い場所です。

ワキの下

ワキの下は汗をかきやすい場所です。そのためしっかり洗うことが大切です。でも皮膚が弱い場所なので優しく洗わないと皮膚を痛めます。

足の指とウラ

汗をかきやすい場所なのにずっと靴の中にいるため、蒸れて雑菌が繁殖しやすい場所です。指の間1本ずつ丁寧に洗いましょう。

耳のうしろ

意外と汗をかくけれど忘れやすい場所です。気がつかないうちにアブラでべったりしているかもしれません。

指先

指先で特に気になるのは爪の中です。汚れて黒くなっていませんか。女性は意外と指先を気にしています。爪のケアにも気遣いが必要です。

へそ

へそのゴマは垢の塊です。このゴマは、入浴時に石鹸を含んだタオルを指にかぶせ、おへそに突っ込み2〜3回クルリと回せばとれます。

chapter 3 ボディケア

小麦色の肌で健康的に！アフターケアも忘れずに

小麦色の肌を作ろう

健康的な小麦色の肌はあなたを魅力的に見せます。一日中オフィスの中にいるとなかなか太陽に当たれませんが、通勤時間や外回りでも十分に焼けることができます。大切なのは日に焼く時のポイントを押さえておくことです。注意すべきなのはUVケアとアフターケアです。肌を傷つける紫外線に注意しましょう。

1 日焼け前に肌のタイプを知る

色白敏感肌のあなた	色白の人は紫外線に敏感に反応する可能性が高いです。このタイプは日に焼けるとすぐに赤くなり、黒くならないまま元に戻る場合が多いです。
普通肌のあなた	普通肌の人は日に焼けると多少赤くなりますが、数日たってだんだん黒くなります。このタイプはしばらくすると元の色に戻る場合が多いです。
色黒肌のあなた	もともと肌の色が黒い人は日に焼けても赤くなることは少ないです。このタイプは紫外線に強く、焼けるとどんどん黒くなる場合が多いです。

2 健康的な小麦肌をつくるには？

キレイに日焼けをするために、しっかりと準備をしましょう。
準備のポイントをしっかり押さえて小麦色の肌を作りましょう。

日焼けには保湿が必須

日焼けをすると肌は水分を失ってしまいます。そのまま放置すると乾燥して皮がむけてきます。そのため保湿用のボディローションやクリームで肌に潤いを与えましょう。

日焼けの後のケアが大事

日焼けはいわば軽度のやけどです。
そのためやけどの処置と同じように冷水などでクールダウンしましょう。そして消炎効果のあるアロエ等で炎症を抑えましょう。

紫外線から肌を守るUVケアを

紫外線に当たると日焼けになります。通勤等で日に当たっているときは日焼けをしている状態です。紫外線は肌に有害でシミや皮膚がんの原因になります。そのためＵＶケアを行う必要があります。

キレイに焼きたい時は

まだ日焼けしていない時はＵＶカットのクリーム等で紫外線を防ぎながら焼きましょう。ある程度日焼けしたらサンオイルを使うと良いです。サンオイルがむらなくキレイに日焼けさせてくれます。

ファッション編

Question

どうやったらスーツのお洒落でセンスと個性を見せられるか？

スーツ姿は、働くオトコの自己表現。
ネクタイのチョイスひとつが、
印象を大きく左右します。

Answer

スーツとネクタイのチョイス
モードやコーディネートが
読むだけでわかる!

どんなネクタイが似合う?
カジュアルデーには何を着たらいい?
そんな悩みを誰に相談していますか?

Happy

ビジネスシーンで アピールできる男の魅力

スーツ姿をビシッと決めて、
デキる男のスタイルを存分にアピール！
さあ、出勤の時間です。

chapter④

スーツスタイル

体型別スーツの選び方❶ 細身ボディを量感アップ

細身の人にも似合うジャケット選び

スリムな体型の人がスーツを着るとき〝服に着られている〟印象になってしまうことはよくあります。体型的なコンプレックスは、隠すことだけでは解決できません。ボリューム不足のポイントがどこなのかを見極め、それをカバーできるスタイルの着こなしを身につけましょう。

1 スリム体型はココが気になる!

気になる3大ポイント!

≫男性らしいスタイルに見せたい
ボリューム感を出すためのテクニックに注目。

≫上着がブカブカになってしまう
大きめサイズを選んでも、ボディは大きくなりません。

≫ダークスーツが似合わない
黒や紺にこだわっても、ボリューム感は出せません。

2 ボリューム感の増量がポイント

Vゾーン
柔らかい色で ボリューム感をアップ

襟元、胸元のVゾーンはクリーム色やピンクなどの暖色系で、ふっくらした印象に。

シルエット
分厚い肩パッドは逆効果

肩が立体的なラインになっているものがおすすめ。厚いパッドはミスマッチです。

サイズ選び
ぴったりサイズが大原則

大きめサイズを選ぶのは逆効果。体型を活かしたスッキリした印象を心がける。

色使い
黒や紺への コダワリはNG

収縮色の黒や紺ではなく、グレーやベージュ系の、膨張色の活用が効果的。

小物使い
ボリューム感をプラス

細身の人は胸板も薄いことが多いので、ポケットチーフでボリューム感をプラス。ふんわりとさせるのがポイント

≫膨張色や暖色を選んでボリューム感を演出

ジャストサイズのスーツは、濃い色よりも薄い色をチョイス。Vゾーンはシャツとネクタイを暖色系でコーディネートして量感をアップ。チーフやカフリンクスなどの小物使いでも、ボリュームアップが可能。

chapter ④ スーツスタイル

体型別スーツの選び方❷ 小柄体型のバランスアップ

大きく見せるスーツ選びのコツ

小柄な人がスーツを着る時のお悩みのひとつが、いわゆる〝七五三〟になってしまうことです。サイズのあったスーツを着ていても、服に着られている感を与えないためには、色やシルエットの選び方も重要です。バランス感をアップして、スラリとしたシルエットを演出しましょう。

1 小柄な人はココが気になる！

気になる3大ポイント！

≫少しでも背を高く見せたい

サイズはもちろん、シルエットへのこだわりが重要に。

≫ジャケットに着られてしまう

大きめ目やガッチリしたシルエットの上着は逆効果に。

≫ダークスーツが似合わない

濃色＝収縮色は身体を小さく見せてしまいます。

2 小柄な人をスラっと見せるには！

Vゾーン
細身のタイは明るい色を選ぶ
結び目を小さくまとめた細身のタイで、スッキリ軽やかに。鮮やかな色がオススメです

シルエット
立体的なシルエットを作る
背の低さは、細身のウエストやパンツを選び、立体感を演出することでカバー。

ジャケット
肩幅も袖丈もピッタリサイズ
ジャストサイズが大原則。特に、袖丈が長すぎると“着られている感”も倍増。

色使い
明るい色とストライプを活用
明るい色で軽さを演出。タテのストライプは、垂直方向にスッキリとした印象に。

小物使い
靴や鞄でも軽さを演出
小物でも濃い色を避け、明るい印象を与えるのがポイント。濃い=収縮色を選ぶと、全体的な印象も小さくなってしまいます。

≫シルエットの立体感と明るい色がポイント
ジャストサイズでウエストが絞られたシルエットや、細身のパンツで縦長感を強調。黒や紺などの濃い色を選ばず、グレー系やベージュ系の明るい色で軽さを出し、ボディラインを引き立てるのがポイント。

chapter ④ スーツスタイル

体型別スーツの選び方❸
太目でもスッキリスタイル

縦長シルエットでスッキリ見せる

太った体型の人のスーツ姿が、窮屈そうに見えたりするのは、自分の体型に合わないシルエットのスーツを選んでいる場合がほとんどです。
体型をカバーするスタイリング術で、スーツ姿でもスッキリとスタイリッシュな立ち振る舞いが出来るようになりましょう。

1 太目の人はココが気になる！

気になる3大ポイント！

≫少しでも細く見せたい
肩や裾丈などが大事なポイントに。

≫着くずれしやすい
小さめサイズの選択は全くの逆効果。

≫バランスよく見せたい
ダークトーンの引き締め効果を活用。

2 スリムに見せるスタイルなら！

Vゾーン
明るい色で視線を胸元に

赤系や鮮やかな色のストライプで、見た目の重心を上に集める。

シルエット
肩のラインをポイントに

肩は厚めのパッドで、角張ったラインのものを。シャープな印象を与えられる。

パンツ
細めのストレートがベター

視線を下半身に集めないよう、スッキリとした細めのストレートのパンツを選ぶ。

パンツ丈
裾のもたつきは絶対にダメ！

短めのハーフか、長くてもワンクッションのピッタリサイズでスッキリさせる。

色使い
引き締め効果の濃い色

黒などの濃い収縮色には、見た目の引き締め効果が。また、さりげないピンストライプも、スタイルを縦長に見せてくれる。

≫小さめサイズでごまかそうしてはダメ！

大柄ボディのスーツスタイルは、堂々としたスタイリングが大原則。小さめサイズでごまかすのではなく、肩のラインをカッチリ見せるシルエットや、ワイドな襟のシャツや、太めのタイで存在感を強調しましょう。

スーツの基礎知識❶ シングルとダブルの違い

スーツスタイルの基本 〝シングル〟と〝ダブル〟

スーツのジャケットのスタイルは、大きく分けてシングル（ボタンが一列）とダブル（ボタンが二列）の二種類があります。

また、裾（袖と同じくカフと呼ぶ）の仕立てにもシングルとダブルがあり、折り返しのあるスタイルのことをダブル、と呼びます。

1 最近の主流は2ボタン

シングル（2ボタン）

オーソドックスな型のスーツで、現在のスーツスタイルの基本型。ボタンは上のひとつだけを留めるのが基本。

2 シチュエーションで選ぶスタイル

ダブル

現在は日常のスタイルとしてよりも、慶事や弔事などの礼装として選ばれることが多い。4ボタンのものも。

シングル（3ボタン）

クラシックなスタイルだが、最近はよりカジュアルなイメージも。ボタンは上の二つを留めるのが基本で、真ん中だけを留める場合もある。

≫カフ（裾）のシングルとダブル

シングルで仕立てた場合、かかと側を長く仕立てるモーニングカットにすると、足を長く見せる効果が。

ダブルはカジュアルな仕立てとされており、上着のダブルと違い、冠婚葬祭にはむかないとされている。

chapter ④ スーツスタイル

スーツの基礎知識② パーツの基本用語

パーツのデザインで変わるスタイル

ジャケットの各パーツには、それぞれ呼び名があり、また、そのディテールが変わることで、スタイルも変わります。

わかりやすい部分としては、ボタンが1列のものはシングル、2列だとダブルとなりますが、他にもパーツごとに、様々な形や、機能、スタイルが用意されています。

1 パーツの名称

2 ディテールと機能

❶ラペル

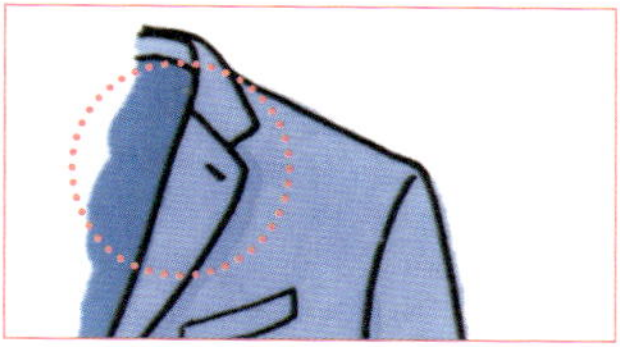

襟の下側の「下襟」のこと（上襟はカラー）スタイリングの大きなポイント。

❷フラワーホール

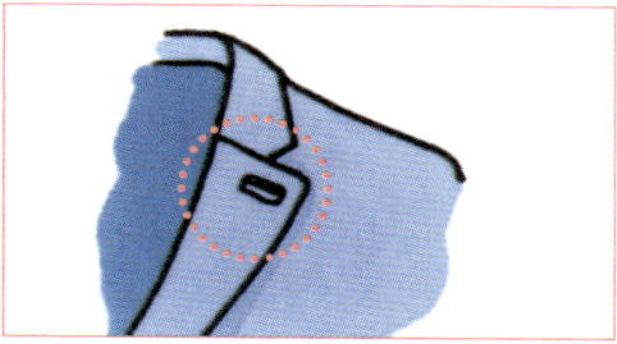

襟を留めるボタンの名残り。その後、花を飾るために使われるようになった。

❸ショルダー

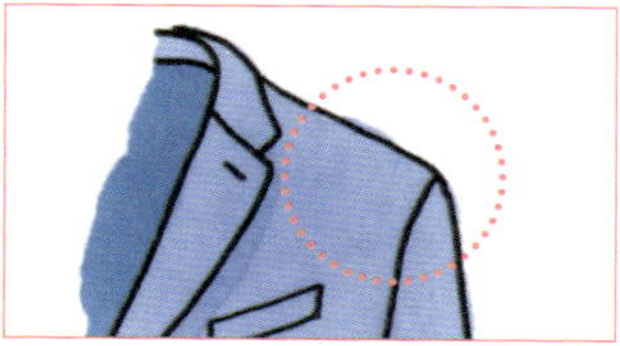

肩のラインに沿って縫製され、パッドは薄めのナチュラルショルダーが主流。

❹フラップ

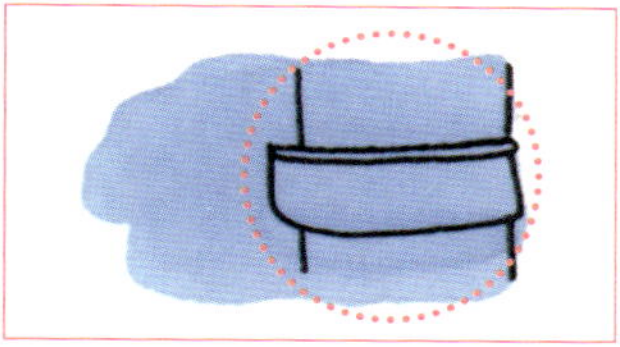

ポケットのフタ。本来は室内では内側に入れ、外出時に外に出す物だった。

❺ポケット

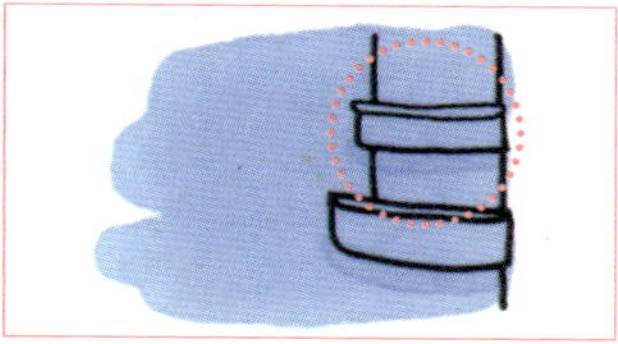

上側に配された小さなポケットは、チェンジポケットと呼ばれる小銭用の物。

❻カフ

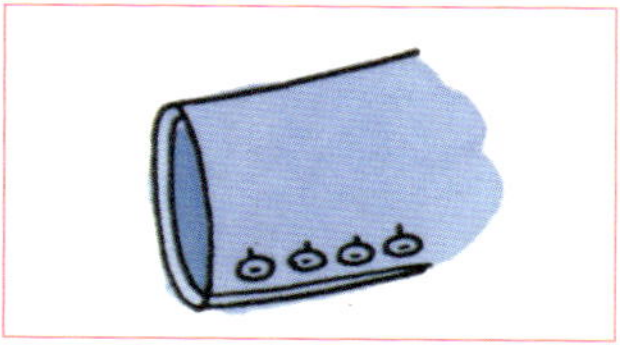

袖口のこと。ボタンはあるが、開閉できない構造になっているものが多い。

chapter 4 スーツスタイル

スーツの基礎知識❸ 国別の基本スタイル

基本の3パターンは英、米、イタリア

日本の背広文化の基礎となったイギリスのスーツは、今でもビジネススーツの代名詞ともなっています。

アメリカのスーツの特徴は、ウエストの絞りが少ないボックスシルエット。

イタリアは、ボディラインにフィットしたエレガントなシルエットが特徴です。

1 国別スタイル❶

イギリス

ややボリュームのある肩パッドが入り、胸板を強調するためのウエストシェイプが入ったシルエットが特徴。

2 国別スタイル❷

アメリカ

四角いシルエットのジャケットが特徴。肩のパッドも薄く、ナチュラルなラインを描く。日本のスーツも、最近はアメリカ風のスタイルのものが増えた。

イタリア

体型に馴染むシェイプに特徴があり、肩口に丸みを持たせたマニカカミーチャという縫製は、上着に見た目の柔らかさと同時に、動きやすさも与えている。

chapter ④ スーツスタイル

スーツの基礎知識④ 時代で変わるスタイル

時代で変わるスーツのスタイル

ビジネスマンにとってのスーツは、日々を共にする現在進行形の相棒です。目先のモードを追いかける必要はありませんが、定番ファッションのスーツにも、流行の変化はつきもの。オーソドックスなスタイルと、当世流モードの両面への理解が必要になってきます。

1 ディテールの変化①

ショルダー

分厚いパットの入ったジャケットを、オーバーサイズで着こなし、極端な逆三角形を演出するスタイルが流行した。

現在は、ほぼノーパッドのナチュラルショルダーが基本。自然な肩のラインや、そのままのボディラインを活かした細身のスタイルが主流。

2 ディテールの変化②

ラペル

肩パッド＋オーバーサイズだったジャケットの迫力に合わせて、幅の広いラペルに、太めのネクタイを合わせるスタイル。

90's

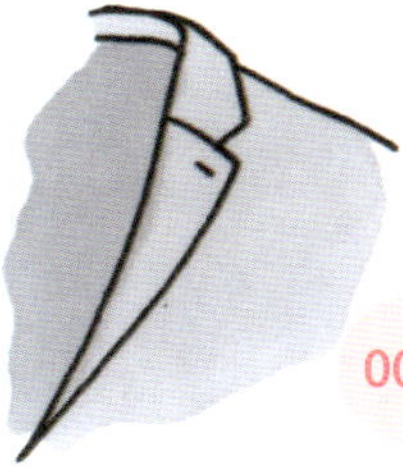

00's

体型にフィットした自然なラインになったシェイプに合わせ、ラペルもグッと細くなった。ネクタイの幅は細く、ノット（結び目）も小さ目に。

パンツ

パンツの幅は太めで、たっぷりの深さの股上にはドレープが寄せられ、タックが何本か入っている。ベルトラインも、ヘソに近い高い位置に。

90's

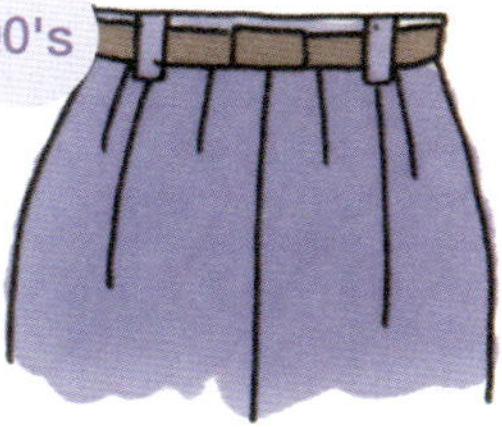

00's

股上が浅いローライズで、ノータックのコンパクトなデザインに。パンツの幅もグッと細くなり、細長いシルエットが演出されている。

スーツのサイズ選びのチェックポイント

スーツの着こなしはジャストサイズで

スーツのサイズ選びは、ジャストフィットが基本。自分の身体にピッタリと合うサイズを選ぶのは当然ですが、細かいディテールがたくさんあるジャケットでは、フィッティングのツボとなる箇所が、複数存在します。ここではそのポイントをいくつかを紹介しましょう。

1 ココが大事

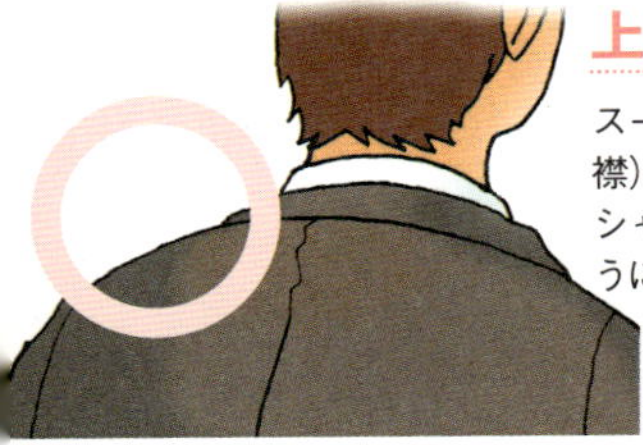

上襟

スーツのカラー（上襟）からは、適度にシャツの襟が覗くようにします。

襟口

カフ（袖口）から覗くシャツの袖も、襟と同じ幅になるのがベスト。

2 NGポイント

ネックに入るツキじわ

サイズが合っていないジャケットや、ボディラインに合わない肩パッドは、背中の上の方に横一文字のシワが出てしまう原因に。

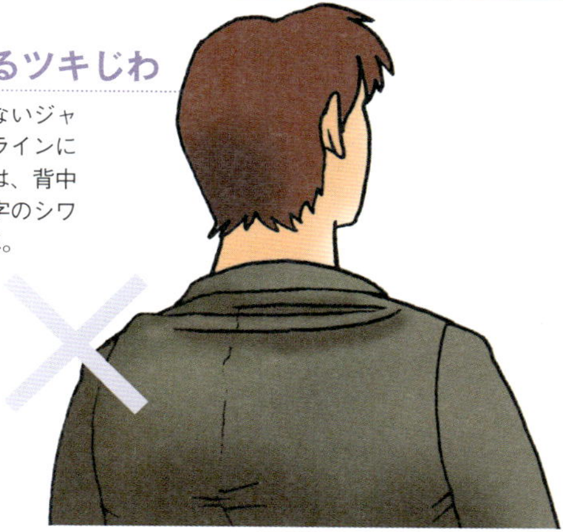

フロントのしわ

小さいサイズを無理矢理着ると、ボタンを留めたときに引きつりができてしまう。握りこぶし一つ分くらいの余裕が必要です。

シャツの襟と袖口のスタイルと種類

ノータイで注目されるカラーのスタイル

シャツのカラーには多くのスタイルがありますが、ネクタイを締める場面では、決して多くの関心が集まる部分ではありませんでした。しかし、クールビズやカジュアルフライデーなど、ビジネスの現場でノータイで過ごす機会が増えたことで、注目を集めるようになってきました。

1 カラーとカフ

2 襟元のスタイル8種類

タブカラー

クラシックなスタイルのひとつ。タブを留めることで、両側の襟を寄せて立たせている。

クレリックカラー

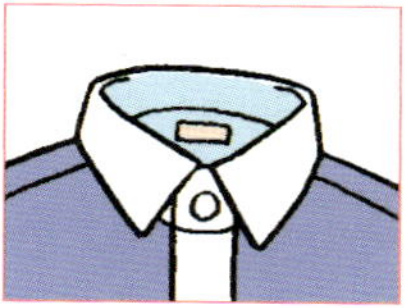

縞柄か色無地の身頃に、白の襟や前立てを合わせたスタイル。ノータイにも向いている。

レギュラーカラー

シャツとして最も標準的なスタイル。襟が開いた部分の角度は、広くても90度程度。

ドゥエボットーニ

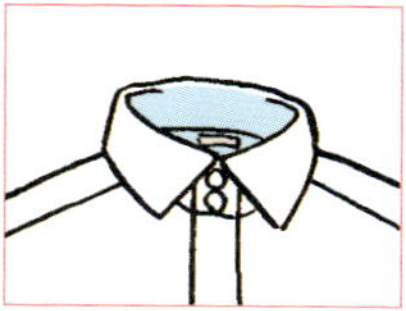

襟元の２つのボタンでエレガントな印象に。これもノータイのスタイルに向いたタイプ。

ワイドスプレッドカラー

襟の角度がレギュラーとホリゾンタルの中間程度で、太めのタイを合わせるのが基本。

ボタンダウンカラー

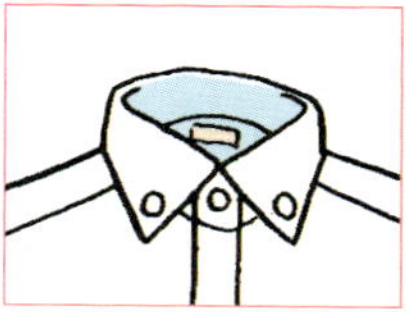

襟先がボタンで留められているカジュアルなスタイル。ノーネクタイにも向いている。

カフ

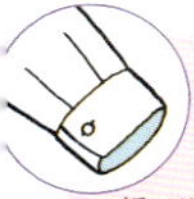

シングルカフ

折り返しの無い袖口を、ボタンで留める基本型。

ダブルカフ

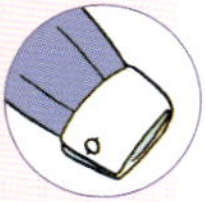

折り返された袖口を、カフリンクスで留める。

ピンホールカラー

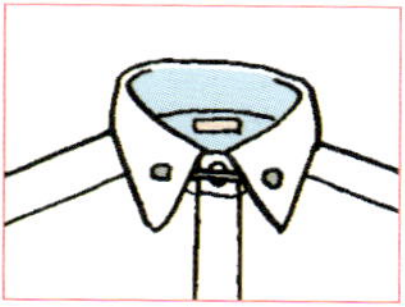

襟に通したピンが、首周りのアクセントとなってボリュームを出し、視線を集める。

ホリゾンタルカラー

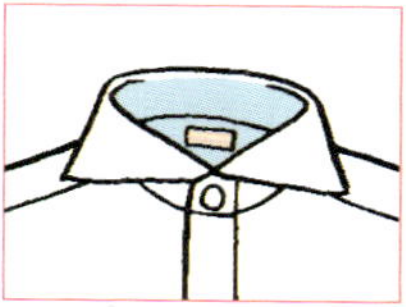

襟が180度程度まで大きく開いているスタイル。太めのタイが向いている。

chapter 4 スーツスタイル

自分に合ったサイズで すっきりとシャツを着こなす

表示を知って ピッタリサイズに

スーツに合わせるシャツのサイズは、L、Mといった大まかなものよりも、細かい数字で表示されているものが主流です。一般に、40/82、39/80といった数字で表されていますが、これはそれぞれ、首周りと袖たけのサイズです。

ここでは、自分のサイズの測り方を紹介しましょう。

1 サイズの測り方①

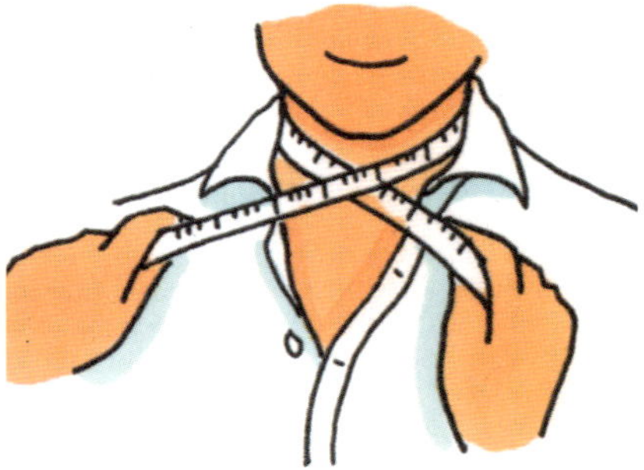

首周り

喉ぼとけの下あたりの実寸に、指1〜2本分のゆとりをプラス。さらに洗濯で縮む分として、2〜3センチの余裕を加えます。

2 サイズの測り方②

袖たけ

首のつけ根の中心から、肩の頂点を通り、手のくるぶしの中心までを測ります。洗濯での縮みを考え、実寸+2～3センチの余裕を持たせます。

chapter 4
スーツスタイル

ネクタイの部分名称と基本の柄パターン

ネクタイのパーツやデザインの基本

現在の形のネクタイが誕生したのは、19世紀後半のイギリスでした。

英国の伝統文化を背景に誕生したファッションだけあって、パーツの名称や、デザインのパターンといったディテールには、イギリスらしさを感じられる部分が、数多く残されています。

1 ネクタイ各部の名称

❶ノット
結び目のこと。シャツの襟のスタイルや、スーツのラペルなどにより、結び方や大きさを使い分ける。

❷ディンプル
ノット（結び目）に作るくぼみのこと。弔事では作らない。

❸ライニング
ネクタイの内側に仕込まれた芯地のこと。一般に、高級なものほどライニングが分厚い。

❹小剣
ネクタイの細い方のこと。英語の名称の"small sword"がそのまま翻訳された用語。

❺大剣
結んだときに前にくる、幅の広い部分のこと。ベルトのバックルに半分かかるくらいで結ぶ。

2 ネクタイの柄の種類

クレスト

家紋や紋章などの、出自や所属、人となりを示す図柄が、ファッションとして取り入れられたもの。校章入りのスクールタイといった形でも馴染みがあるパターン。

ドット

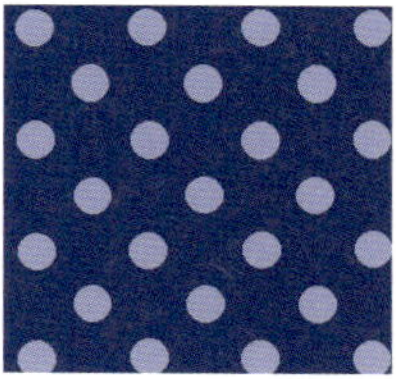

いわゆる水玉模様のこと。1〜2ミリ程度の小さい物は、ピンドットと呼ばれ、そうした小さいドットのものほど、よりフォーマルなスタイルとされている。

小紋

小さな模様が生地一面に規則正しく並んだパターン。オーソドックスな図柄で、ベーシックな色合いの物なら、ビジネスシーンはもちろん、活用の幅が広い。

レジメンタル

"連隊"の名前の通り、元はイギリス陸軍で所属部隊を示していたとされる。赤などの鮮やかな色合いが配された物もあり、カジュアルな場面にも活用できる。

ソリッド

単色のもので、よりフォーマルとされるスタイル。無地ではあっても、生地の質感や、織り柄などで光沢や表情、アクセントを与えられているものが多い。

ペイズリー

インドの伝統的な図柄で、日本にはイギリス経由でもたらされた。水滴上の模様は、松かさや、菩提樹の葉とされるが、日本では勾玉模様とも呼ばれる。

chapter 4 スーツスタイル

ネクタイの結び方

ネクタイの結び方は、一番ポピュラーなプレーンノットだけではありません。ノットの種類や、締め具合の加減で、コーディネートに彩りを加えましょう。

プレーンノット

定番中の定番。ノットはゆるやかに締め、ディンプルを作るのがイマドキ風。また、手順がシンプルなので、ネクタイの生地を比較的傷めにくい結び方ともなっています。

1

大剣を左、小剣を右に持ち、大剣と小剣の繋ぎ目付近で交差させる。

ダブルノット

プレーンノットで大剣を2回巻く結び方。ワイドカラーのシャツや、ラペルの太いスーツなど、ノットに存在感を持たせたいとき、手軽にボリュームを加えてくれるスタイルです。

1

プレーンノットと同じく、大剣を小剣に一度巻きつける。

セミダブルノット

大ぶりな三角形のノットを作るスタイル。存在感のある、エレガントな結び目になる。大きく開いた襟や、太く、芯のしっかりしたネクタイに向くので、礼装などのときにおすすめです。

1

大剣を左、小剣を右に持ち、大剣と小剣の繋ぎ目付近で交差させる。

2

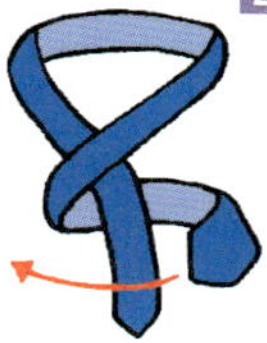

大剣を小剣に一度巻きつける。締め具合でノットの大きさが変わる。

3

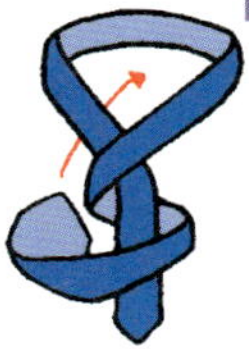

巻いた大剣を、下からのど元の方に通し、上に引き上げる。

4

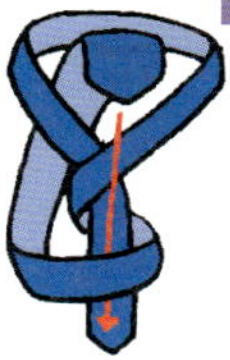

大剣の先を、巻き付けた輪の内側から下にくぐらせる。

5

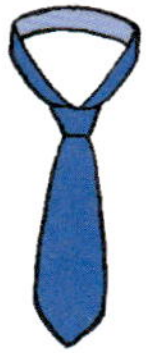

大剣を下の方に引き、最後にノットの形や向きを整える。

2

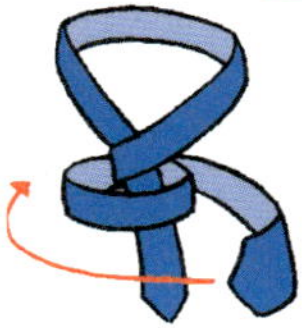

重ねる位置も同様だが、心持ちきつめに巻くようにするとよい。

3

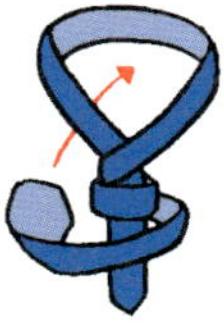

さらにもう一度巻いてから、のど元の方にくぐらせる。

4

巻き付けた輪の内側に、大剣の先を上から下にくぐらせる。

5

ノットの形が崩れぬよう、結び目を持ちながら大剣を下に引く。

2

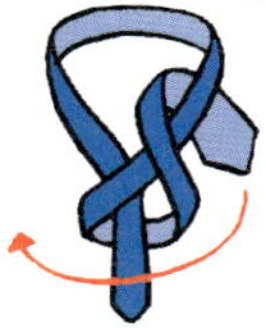

交差させた上のところで、大剣を内側に一度、きつめに巻きつける。

3

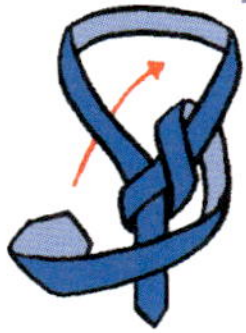

横方向にも一度巻きつける。ノットの形に影響するので丁寧に。

4

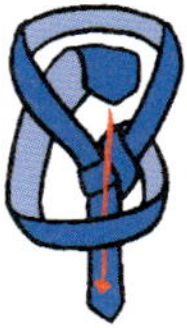

反対側からも内側に巻き付け、大剣の先を巻きつけた中に通す。

5

ノットを手で支えながら大剣を下に引き、形を整えて完成。

chapter 4 スーツスタイル

ネクタイ&シャツの組み合わせと着こなし術

いつでも白シャツはNGファッション

スーツ姿の定番といえば、白いシャツとネクタイの組み合わせ。そうしたベーシックなスタイルが求められる状況が多いのはもちろんですが、いつもそればかりではファッショナブルとはいえません。カラーコーディネートの活用で、自分のセンスを表現できるようになりましょう。

1 ポイントは色使い

カッチリ系

ビジネスの現場では、定番の白は外せないとして、薄いブルーのシャツや、同じ白でも織り柄などの質感をアップさせてセンスをアピール。

カジュアル系

薄いピンクやイエローのシャツと、ネクタイの色を合わせたり、ストライプやチェックのシャツを活用するのがポイント。

2 簡単コーディネート術

カジュアル系

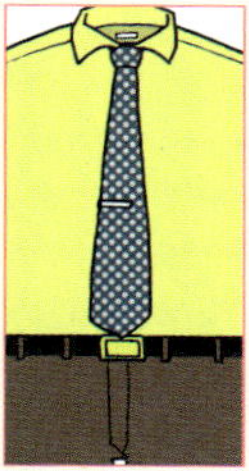

ドットはやや大きめで

フォーマルにも活用できるピンドットよりも、やや大きめのドットなら、適度なカジュアル感も演出できるコーディネートに。

色調を抑えたペイズリー

大胆なペイズリー柄も、あからさまにそれとわからないような、ダークトーンのものだと、ビジネスシーンにも活用できる。

動物やキャラのプリント

パッと見は定番柄の小紋でも、よく見るとキャラや動物の形になっているパターンで、遊び心をアピール。

カッチリ系

チェックで若々しさを

若々しさをアピールできる伝統柄ならコレ。ストライプやチェックのシャツに合わせるのはタブー。

レジメンタルは寒色系で

赤やピンクなどの大胆な色使いもあるレジメンタルで、落ち着いた印象を与えたいのなら、青や緑などの寒色系の組み合わせで。

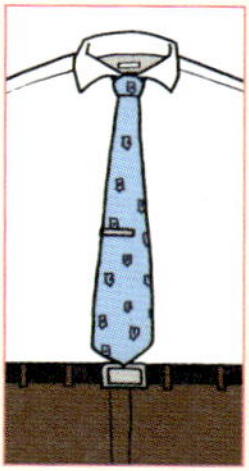

定番の小紋は色に注意

定番中の定番の小紋は、若々しい色をチョイス。茶系やエンジなどの濃色だと、オジサンっぽい印象になってしまいがち。

chapter 4 スーツスタイル

1・2・3アレンジで差をつけろ【ブラックスーツ】

ブラックスーツは織り柄がポイントに

ここでは、スーツとシャツ、ネクタイのコーディネートプランを紹介しましょう。現在最もポピュラーな黒のスーツは、見た目の引き締め効果や、スポーティーな印象で人気です。弔事用のブラックスーツとの差別化をハッキリさせるためには、生地に織り柄のあるものを選ぶとよいでしょう。

1 揃えたいアイテム

シャツはブルーのストライプとクレリック。タイは黄色のドット柄、青とピンクのレジメンタルをチョイス。

2 コーディネートプラン

アレンジ1

スーツの黒とコントラストの強いイエローのタイで大胆に。ドットが印象をやわらげる。

アレンジ2

シャツのストライプと同系色を合わせる定番テク。白いラインでシャープさを出す。

アレンジ3

見た目に鮮やかなピンクも、伝統のレジメンタル柄なら適度に落ち着いた印象に。

アレンジ4

黒とイエローのコントラストに、シャツのブルーが加わると、より強い印象に。

アレンジ5

ブルーにブルーを重ねただけでは印象がぼやけてしまうので、白のラインでシャープに。

アレンジ6

クレリックシャツのスポーティーさに、ピンクの若々しさがよく似合う組み合わせ。

アレンジ7

シャツにストライプがあると、ノータイの胸元を間延びさせず、カッチリした印象に。

アレンジ8

クレリックシャツは、身頃のカラーと襟の白の対比が鮮やかで、ノータイにピッタリ。

コーディネートの＋α

黒はシャープでスポーティーな印象だが、それだけでは無彩色でシンプルすぎ。鮮やかな色のネクタイで、彩りを添えるのがポイント。

chapter ④ スーツスタイル

1・2・3アレンジで差をつけろ【グレースーツ】

グレーのスーツでビジネスマンらしく

グレーのスーツは、ビジネススーツの定番色。ダークグレーならフォーマル度の高い着こなしが可能になり、明るいグレーなら、若々しさをアピールできます。ブラックスーツ同様に、織り柄の目立つ生地を使ったものや、明るいブルーなどのピンストライプが入ったものもあります。

1 揃えたいアイテム

シャツはブルーのストライプとピンクの無地。タイはボルドー＆ネイビーとシャンパンゴールドのレジメンタル、グリーンの小紋。

2 コーディネートプラン

アレンジ7

スーツの織り柄がハッキリしたスーツの場合は、ストライプは避けた方がベター。

アレンジ4

ピンクのシャツの明るさを、ネイビーのレジメンタルで引き締めるコーディネート。

アレンジ1

ストライプの青と同系色のネイビー基調のレジメンタルで、落ち着いた印象に。

アレンジ8

グレーとピンクのマッチングの良さは、様々なコーディネートにも活用ができる。

アレンジ5

ピンクとダークグリーンの組み合わせで、みずみずしさと落ち着きの両面をアピール。

アレンジ2

ダークグリーンの小紋の定番イメージが、グレースーツによく似合う組み合わせ。

コーディネートの＋α

ネクタイの無い胸元は、どうしてもイメージが間延びしてしまいがち。色付きボタンのシャツなら、見た目のアクセントを補える。

アレンジ6

ゴールドを合わせた華やかさは、ちょっとしたパーティーなどにも活用できる。

アレンジ3

オーソドックスなグレーのスーツに、シャンパンゴールドで鮮やかなアクセントを。

1・2・3アレンジで差をつけろ【ネイビースーツ】

ネイビースーツのスポーティーさと伝統感

ネイビーブルーは、ブレザーの定番色を連想させ、伝統や、スポーティーなイメージを連想させるスタイルです。

オーソドックスな色目だけに、無難な着こなしをするだけでは平凡なイメージになってしまいがち。ネクタイでアクセントをつけることを心がけましょう。

1 揃えたいアイテム

ストライプのボタンダウンと白無地のシャツ。タイはボルドーとネイビーの小紋、茶の無地。

2 コーディネートプラン

アレンジ1

ボタンダウンのスポーティーなイメージに合わせ、ボルドーは明るめの色調のものを。

アレンジ2

あえて同じ色のネクタイをチョイス。白い小紋がアクセントとなり視線を集める。

アレンジ3

落ち着いた色調のソリッドタイを組み合わせると、シックな組み合わせに。

アレンジ4

ネイビーのスーツを胸元のボルドーで引き締める。アメリカの政治家によく見られる。

アレンジ5

白シャツにネイビーのタイのおとなしい印象に、鮮やかな小紋でアクティブさを加える。

アレンジ6

地味目のイメージの組み合わせなので、タイピンなどの小物でアクセントをプラス。

アレンジ7

ノータイとボタンダウンは好印象の組み合わせ。細かいストライプとの相性もマル。

アレンジ8

白一色のシャツのノータイスタイルは、ピシッとしたアイロンがけを決して忘れずに！

コーディネートの＋α

シャツのボタンを外すことが多いノータイスタイルでは、襟元からのぞく下着にも注意。“見せ下着”としてのVネックがオススメ。

chapter 4 スーツスタイル

業界別着こなしで教えるビジネススタイル

スーツを着た〝だけ〟は社会人としてNG

スーツ姿を毎日の必要条件として求められるのが、男性ビジネスマン。しかし、ただ単にスーツを着ていればよいというわけではありません。

ここでは、様々な業界で見られるスーツスタイルを例に、取り入れたいファッションや、NGポイントをわかりやすく解説しましょう。

こんなところにもNGポイント！

通勤中や外回りでリュックサックやメッセンジャーバッグを持ち歩くのはNG！　スーツ姿には釣り合いません。

ジャケットのデザインにも注意！　ラペルの形や、色合いなどによっては、ビジネスの現場に似合いません。

IT業界

カジュアルでいて だらしなくならない

01 Style

ネクタイ必須ではないからこそのジャケットスタイル
着こなしテクニックやアイディアに注目

GOOD Style

ネクタイを"外す"のではなく"しない"ことが前提のスタイル。

ビジネスカジュアルとして、一般のビジネスシーンではカジュアルフライデーなどのノータイの場面の参考にしたい。ネクタイを外しているのではなく、ノータイが前提のシャツ選び、ジャケット選びがスタートになっていることが重要なポイント。

NG Style

色や柄、アイテムのチョイスでカジュアル過ぎの雰囲気はアウト

ノータイに派手な色柄物のシャツを合わせてしまうと、社会人としてはくだけすぎ。ボトムスも、プレスラインのないチノやツイルではラフすぎる印象を与えてしまうことも。センタープレスのウールのパンツなどで、適度なカッチリ感を持たせたい。

営業マン

誰にもできる好感を与える清潔感がポイント

02 Style

外回りなどで出先で人に会うことが多い営業マンは
会う人に与える印象を良くすることが重要に

GOOD Style

好印象をもたらす定番スタイル ベーシックなアイテムと着こなしで

取引先などの“お客様”など、外部の人と接することが多い営業職に求められるのは、清潔感などの好印象。スーツやシャツ、ネクタイを、定番のスタイル、色でまとめることを基本に、“外さない”コーディネートで、社会人らしさをアピール。

NG Style

無難な定番は“退屈”になりがち 月並みすぎては好感度もダウン

無難にまとめすぎてしまうと、ファッションとしてアピールできる部分が無くなってしまいます。没個性的な印象が強くなってしまうと、かえって好感度がダウン。ワンポイントで鮮やかな色や、流行のアイテムを取り入れるなどのひと工夫を。

アパレル業界

流行の先を行きながら節度のあるオシャレを

Style 03

アイテムの端々に現れるファッションセンス
スーツ姿でも敏感なセンスを主張

Good Style

スーツスタイルを理解した上で要所に光るセンスや遊び心

デザイナーブランドのスーツなど、定番とはひと味違うスタイルでアピール。素材や裏地、ワンポイントなどに、ファッションとしての主張が光る。オーソドックスなスーツ文化への理解と、流行のモードやアイテムへの感度やセンスで差をつける。

NG Style

トンガリすぎではイメージダウンオトナの落ち着きを忘れずに

ネクタイやシャツの強烈すぎる色合いや、派手なプリントのパターンなどで“やり過ぎ感”が出てしまうことも。最新流行のアイテムばかりでスタイルをまとめてしまうのも、過剰な印象に。ビジネスマンとしての落ち着きを、忘れないことが大事に。

内勤

04 Style

定番スタイルを上品に着こなす

落ち着いた色合いや定番スタイルの活用で
ビジネスマンらしさをサラリと主張

GOOD Style

デスクに座る姿が映える オフィスに似合う定番スタイル

内勤のビジネスマンに求められるのは、職場の環境や雰囲気にマッチした“社会人らしさ”や清潔感。何処に出しても、誰に会っても恥ずかしくないようなオーソドックスなスタイルで、働くオトナとしての定番スタイルを演出することがポイントに。

NG Style

ハズさないことばかりを考えて “ありきたり” になってはダメ！

定番スタイルといっても、紳士服量販店のショーウインドウに並んでいるようなコーディネートばかりでは、あまりにも没個性的。ネクタイの柄でも、小紋やレジメンタル、ソリッドといった定番ばかりでは、無機質でファッションに無頓着な印象も。

マスコミ業界

個性派ファッションで自己主張する

スーツ必須ではない職場のビジネスカジュアル
ビジネスシーンも遊び心で

GOOD Style

カジュアルアイテムを取り入れた自由な雰囲気のファッションで

常にスーツ姿でいることが必須ではない業界だけあって、その着こなしは自由。ジャケットの下にカットソーなどのカジュアルアイテムや、ボトムにデニムを合わせるなど、ビジカジとしては上級編の着こなしがサラリと日常に取り入れられている。

NG Style

自由すぎる"無秩序"はビジネスマンとしては失格

色合いやアイテムのチョイスで"やりすぎ"てしまうと、社会人としてNGのスタイルになってしまうことも。特に社外の人と接するときには、社会人の"コスプレ"として、スーツにネクタイの定番ファッションが求められることもあるのを忘れずに。

chapter ④ スーツスタイル

全身を引き締める足元スタイルをキメるシューズ選び

革靴のデザインで変わるスタイル

スーツに合わせるシューズとなると、当然革靴ということになりますが、そのデザインには様々なものがあります。

よりフォーマルとされているのは、紐のあるデザインですが、つま先のデザインによって、様々な表情を持ち合わせ、状況に応じた使い分けが必要になります。

1 靴のパーツの名称

①タン
足の甲を包む部分の、内側のパーツ。ベロとも呼ばれる。

②アイレット
靴紐を通す穴のこと。ローファーなどの紐の無いタイプには当然存在しない。

③ウェルト
アッパーとソール（靴底）を縫製などで連結した部分。安価な物では接着で済まされている場合も。

④ヒール
体重の負荷が大きい部分なので、修正や交換が可能な構造に。

⑤アッパー
靴底以外の全体を指す。革靴の素材としてはカーフ（子牛皮）が一般的。

2 トゥ（つま先）のいろいろ

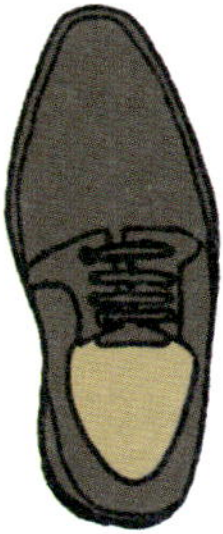

プレーントゥ

つま先に縫い目の無いタイプ。ビジネスシューズで最も定番的といわれるスタイルで、スーツに合わせるシューズとしては、シーンを選ばず活用できる。

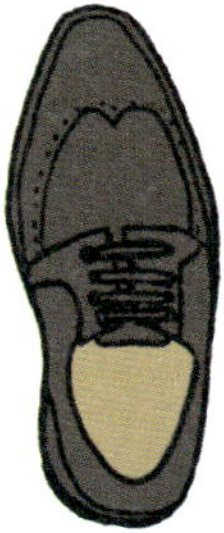

ウイングチップ

甲側にW型の切り替えが加えられており、その部分や羽根（アイレットのある部分）などに、メダリオンと呼ばれる穴飾りが施されている。

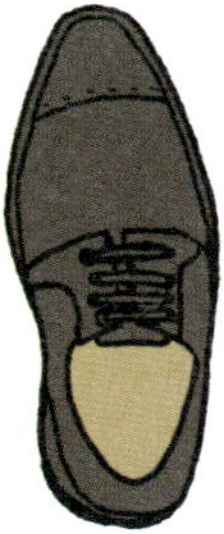

ストレートチップ

横一直線に切り替えが入っており、紐のあるシューズとしてはもっともフォーマルな形。慶事や弔事などのスーツスタイルのときにチョイスするならこれ。

スクエアトゥ

つま先を角張ったスタイルにしているものの総称。トウの長さや、角張った部分の幅など、様々な形のデザインがある。

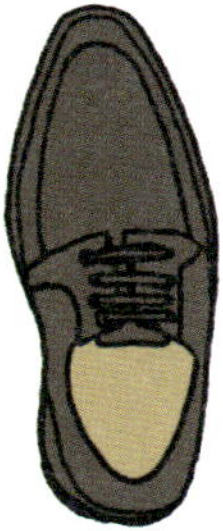

Uチップ

つま先にぐるりとステッチを巡らし、U字に切り替えしたデザイン。トゥの印象は、ややカジュアルな雰囲気になる。

チゼルトゥ

チゼルとは工具のノミのことで、つま先を横から見たときに、ノミのような形に先端が落とされたデザインになっているため、こう呼ばれる。

chapter 4 スーツスタイル

シーンのフォーマル度で変わるシューズのタイプ

つま先で異なる靴のフォーマル度

靴のデザインは、主につま先のスタイルの違いによりますが、その形によってフォーマルからカジュアルまで、適したシーンの違いがあります。

どんな状況でもこなしてくれる一足の靴はありません。その場にふさわしい靴を選び、ファッションを足下から完成させましょう。

プレーントゥ

最もユーティリティー度が高いデザイン。フォーマルに適したものもある。

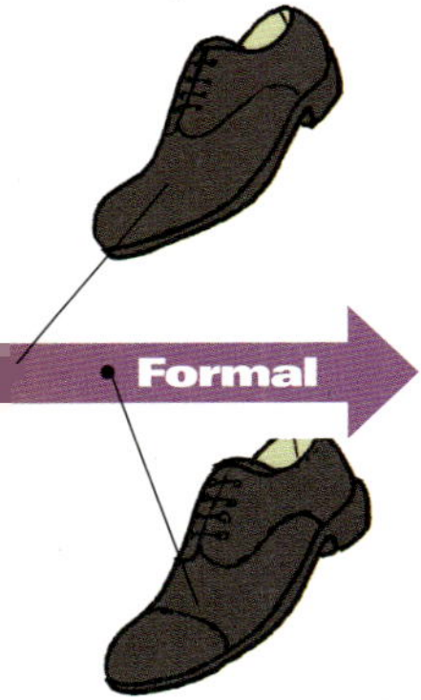

ストレートチップ

トゥに横一直線の切り替えが入る。冠婚葬祭などのフォーマルに適している。

これはNG

カジュアルなアンクルソックスや白いものはNG。

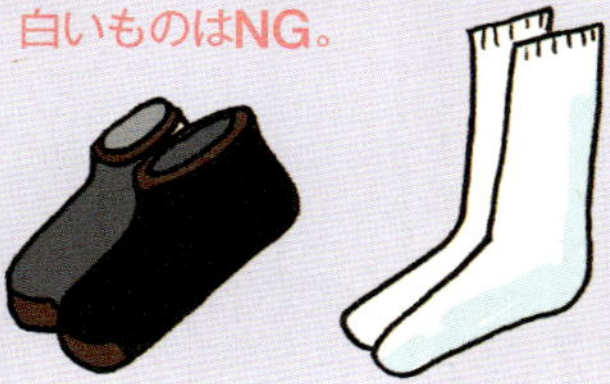

ローファー

高校などの制服にも指定されているが、革靴としては非常にカジュアルな形。

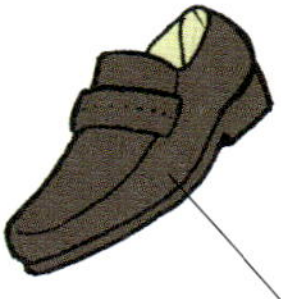

モンクストラップ

甲の部分のベルトのデザインや、アッパーの素材によってカジュアル度が決まる。

キャップトゥメダリオン

ストレートチップがメダリオン（穴飾り）で装飾されている。セミブローグとも。

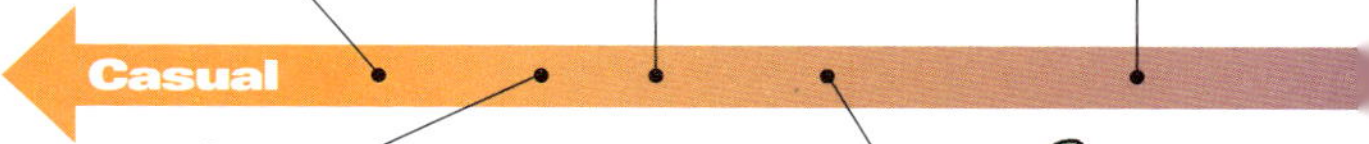

Uチップ

ゴルフシューズが起源のスポーティーなスタイルで、カジュアル度が強い。

ウイングチップ

カジュアル寄りだが、クラシカルなニュアンスが加わっている。ブローグとも言う。

≫スーツにはロングホーズを

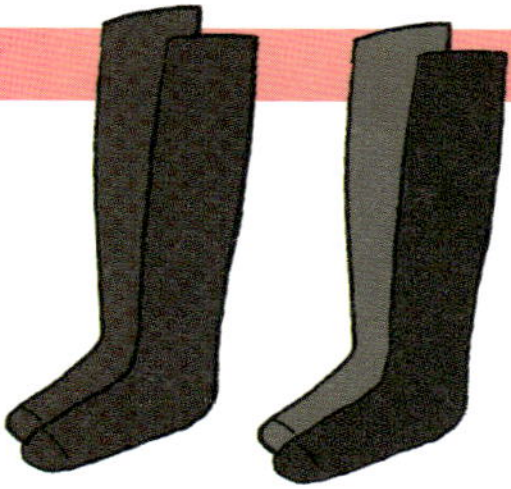

ロングホーズ＝ハイソックスは、足を組んだときにスネが見えないように履くもの。ドット柄や小紋のものを選ぶと、足もとの表情に変化をつけられます。

chapter 4 スーツスタイル

ビジネスカジュアルのベーシックスタイル

オフィスで様になるカジュアルとは

オフィスへのカジュアルデーの導入や、クールビズ、ウォームビズといった昨今の風潮で、仕事の現場でもカジュアルなファッションの着こなしを求められる場面が増えてきました。

ここでは、そんな〝ビジネスカジュアル〟の基本となるスタイルを紹介しましょう。

春夏と秋冬の基本スタイル

ビジネスカジュアルの基本は、やはりジャケットスタイル。しかし、スーツとは違った質感や色彩で、柔らかい印象を作るように心がけましょう。

春 夏

ジャケットとパンツに、シャツで色味をプラス。カジュアルアイテムを取り入れ、軽さや明るさを演出。

❶アウター
紺のブレザーは活用の幅が広いアイテム。落ち着いた印象の適度なカジュアルに。

❷インナー
アウターと同系色のボタンダウンを合わせると、ノータイでも落ち着いた印象に。

❸パンツ
グレーのウールのパンツを合わせるのがおすすめ。靴は茶色のローファーで。

秋冬

厚手のジャケット＋パンツに、暖かいインナーを加えたスタイルに。

❶アウター

“紺ブレ” は色味的に通年OKなアイテム。秋冬は厚手の生地のものをチョイス。

❷ネクタイ

ニットタイは、同系色はもちろん、モスグリーンなどもマッチングが良い。

❸インナー

紺など同系色のベストを合わせたら、ボタンダウンシャツは白をチョイス。

❹パンツ

フランネルなどの暖かい質感のパンツは濃いグレーがおすすめ。靴は黒のUチップなどと合わせる。

chapter 4 スーツスタイル

カジュアルフライデーはこう着こなせ！

カジュアルデーに必要なオトナのセンス

〝カジュアルフライデー〟といった形で、カジュアルなスタイルでビジネスタイムを過ごす時、スーツ姿のネクタイを外しただけでは、かえって〝だらしない〟印象を与えてしまいがちです。ビジネスカジュアルでハマる着こなしやアイテムを選ぶセンスが、求められています。

1 カラーにも変化を

ブラウン系の着こなし

スーツでは手を出しにくいブラウン系を、ニットタイなどのアイテムと組み合わせて好印象に。

2 揃えたいアイテム

ボタンダウンシャツなら ノータイの襟元もスッキリ

ノータイの襟元は、ジャケットと組み合わせた時、だらしない印象を与えがち。ボタンで襟をしっかり立たせてくれるボタンダウンなら、それを防いでくれる。

クレリックシャツは華やかで カジュアルなスタイル

クレリックは、白い襟とカフに、薄い水色やピンクといった色目の身頃を合わせたシャツのこと。ノータイのVゾーンに、彩りとアクセントを加える。

スーツと違った色合いや柄の ジャケットで“遊び心”を演出

秋冬なら、ガンクラブチェックなどの伝統柄のツイードのジャケットをチョイス。カジュアルな雰囲気と合わせて、大人っぽい印象を演出することも可能に。

素材の質感を活かした ジャケットでガラリと違う印象に

主に夏に活躍するアイテムの麻のジャケットは、涼しく見せる風合いがクールビズにピッタリ。混紡を選ぶと着心地もよく、メンテナンス面でもラクになる。

防寒用のアウターに変化をつける 丈の短いハーフコート

ショート丈のコートは、見た目にも軽く、スポーティーな印象に。ダウンジャケットや革素材のものは、カジュアル度が強すぎ、ビジネスカジュアルには向かない。

フォーマル寄りのトレンチコートは 色目選びでカジュアル度をアップ

すっかりクラシックアイテムとなったトレンチも、元々は軍服が発祥のスタイル。カーキ色などのチョイスで、適度なカジュアル感を強調することができる。

クールビズが演出する"見た目"の涼しさ

暑い夏を乗り切るクールな"演出"

冷房の設定温度の引き上げなど、エコなムーブメントの影響から提唱されている「クールビズ」は、自分が涼しくなるためのスタイルと考えると、失敗してしまいがちです。

ファッションの基本は、他の人に与える印象です。見た目に涼しく見せることを、まず第一に考えましょう。

1 クールビズのNG

腕まくりはアウト!

シャツの袖を捲った姿は何よりだらしなく、襟元から覗く丸首シャツも、ガッカリポイントです

2 揃えたいアイテム

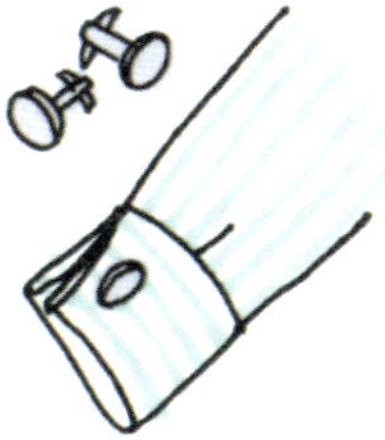

カフリンクスで袖口のおしゃれを

ダブルカフスのシャツをカフリンクスで留め、袖口をさりげなくドレスアップ。

クレリックシャツはクールビズに最適

白襟+色付き身頃のクレリックシャツは、カラーシャツよりもグッと華やいだ雰囲気。

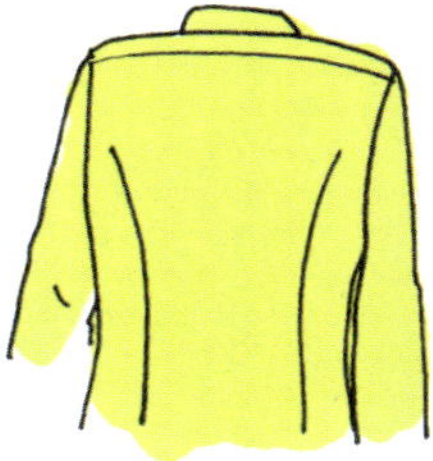

背中のダーツでスッキリシルエット

肩甲骨からウエストにかけて布をつまんだ「ダーツ」でスッキリと涼しげなシェイプに。

ボタンダウンはノーネクタイの強い味方

ノータイのスタイルをシャキっと見せるには、襟元がポイント。ボタンで襟を立たせるボタンダウンでスマートに。

のど元のボタンを外しても大丈夫!

襟のボタンが二つのデュエルボットーニなら、ボタンを外しても襟が倒れにくく、スマートなスタイルを保ちやすい。

≫クールビズのインナーはどうする?

シャツで過ごすときにはインナーのチョイスも重要です。襟元から下着が見えてしまうのは絶対にNG。インナーの襟ぐりの形には注意です。また、速乾性のあるインナーは、見た目でも涼しさを演出してくれます。

chapter ④ スーツスタイル

ウォームビズはすっきりシルエットで

重ね着で着ぶくれになってはダメ！

寒い冬を快適に、そしてお洒落に過ごすためのウォームビズでも〝ファッション＝他の人に与える印象〟という大原則を忘れてはいけません。

単なる重ね着で暖かくなるだけでは、寒さにつれてどんどん着膨れしてしまう一方です。アイテム選びや、インナーの機能で差をつけましょう。

1 ウォームビズのNG

暖かい＝厚着ではダメ！

ジャケットの下にニットを何枚も重ねてしまえば、自分はもちろん、見た目も暑苦しくなるだけです。

2 暖かさを演出するアイテム

明るい色のウールや暖色系の配色に注目

日本人は秋冬物に暗い色を好む傾向が強くありますが、濃い色は重い印象につながります。カーディガンやベストは鮮やかな色を。合わせるネクタイは、暖かな風合いのニットや、暖色系の配色の物を選び、見た目にも暖かさを演出します。

ウールのソックスやブーツで足下も暖かく

寒い時期はウール混紡のソックスを選ぶと、体感温度が何度も違ってきます。また、ゴアブーツなどのシンプルなシルエットのブーツをスーツに合わせるのも、冬のスポーティーなスタイルとしておすすめ。暖かさとシンプルさを両立してくれます。

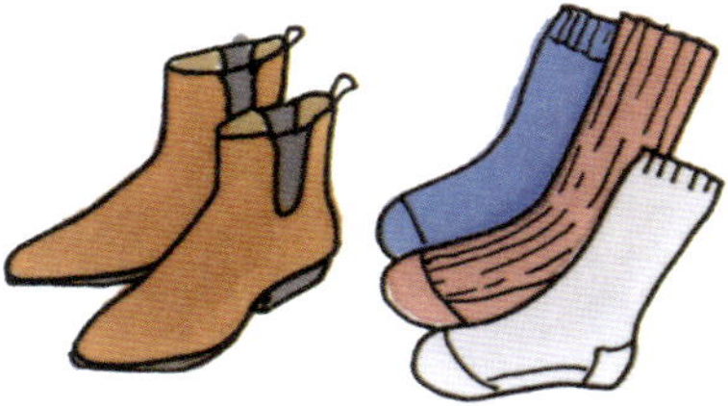

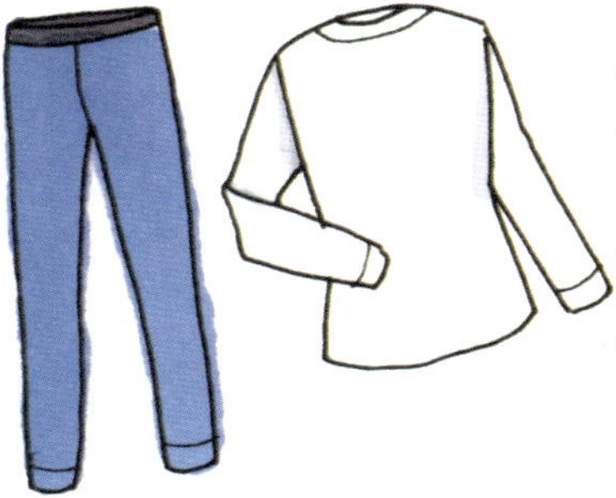

機能性インナーの活用で着ぶくれを防止

保温素材や発熱素材といった機能性インナーを着用すると、アウターの枚数を減らすことも可能です。特にパンツの下にタイツを着用するのがおすすめ。長袖のインナーと同様に、冬のオフィスを快適にしてくれます。

フォーマルで差がつく装いポイントを押さえる

冠婚葬祭に必要なスタイルとマナー

結婚式や葬儀などの冠婚葬祭に出席する際のフォーマルには、ビジネスシーンとはまた違ったアイテムやマナーが必要になります。その場にふさわしい装いや、立ち振る舞いができるよう、正しいスタイルを身につけ、どんなときにも堂々としていられるようになりましょう。

1 慶事と弔事の豆知識

平服とは“略礼装”のこと “普段着”ではありません！

招待状などで見られる「平服でおこしください」という表現の「平服」が指すのは、略礼装＝ダークスーツのこと。濃いグレーや濃紺などがベターとされます。

結婚式のスタイルや会場に注意 浮いてしまわない服装で

結婚式では式のスタイルや出席者の顔ぶれでも、ふさわしい装いが変わってきます。一緒に出席する友達とも相談し、雰囲気にあったスタイルを心がけましょう。

お通夜やお葬式では“光りもの”はNG 腕時計もシルバー＋黒革のものを

洋服や靴、アクセサリーなどの小物の素材で、光沢のあるものや華美な装飾のあるものはタブー。腕時計も金属製のベルトのものは避けた方が無難です。

2 結婚式と葬儀の服装

結婚式

シャツ
ピンホールなどドレスシャツ。淡い色のカラーシャツでも良い。

ネクタイ
シルバーが最もフォーマル。黒はタブー。白は田舎臭い印象が。

靴
ストレートチップやプレーントゥで、スーツと色をコーディネート。

ジャケット
シングルでもダブルでも可。格式が高い場合はブラックスーツで。

スラックス
ジャケットと共布のもの。裾はシングルの方がフォーマル度が高い。

葬儀

スーツ
シングルでもダブルでもよいが、織り柄のあるようなものは避ける。

シャツ
レギュラーカラーの白無地のみ可。ボタンダウンなどはタブー。

ネクタイ
黒一色で、光沢を抑えたもの。ディンプルを作ってはいけない。

アクセサリー
結婚指輪のみ可。石がついている場合は、手のひらの内側に向ける。

靴
色は黒のみ。紐結びのストレートチップか、プレーントゥを。

どうする？毎日のスーツケア

スーツの保管とケアでスタイルをキープ

どんなスーツを選び、どんなコーディネートで着こなしても、日々の管理や保管方法がキチンとしていないと、せっかくのスタイルが台無しになってしまいます。定期的なクリーニングはもちろん、毎日のちょっとしたメンテナンスで、ピシっとしたシェイプを長持ちさせましょう。

1 スーツの保管

ハンガーにかける時のひと工夫

スーツを購入した時についてきたような、薄い作りのハンガーをそのまま使っていては、せっかくのスタイルが台無しに。

ジャケットの型くずれを防ぐには、肩の型の部分が分厚くなった、しっかりした作りのハンガーの用意が必要。

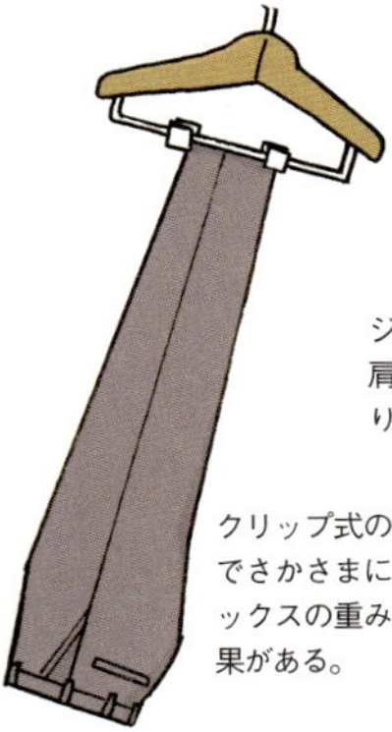

クリップ式のハンガーに、裾をつまんでさかさまにぶら下げておくと、スラックスの重みで自然にシワが伸びる効果がある。

2 ホコリとシワのケア

スーツを脱いだらブラッシング

スーツを脱いだら、その日のうちにブラッシングする習慣が大事。スーツの毛足を整えるように、ブラシは一定方向に動かすようにする。

各ポケットの内側は、汚れがたまってしまうポイント。裏地を出し、ホコリを外にかき出すようにブラッシングする。

全体をまんべんなく叩いてホコリを浮かしてから、ブラシを小刻みに動かして汚れを払い、毛足を整える。

シワを伸ばすにはスチーム

スーツのシワは、スチームアイロンさえあれば簡単にケアができる。シワになりやすい袖と腰のケアは、特に日々の手入れが重要になってくる。

スーツの全体にスチームを広げるように染み込ませていき、シワを伸ばすように手で引っ張りながら、形を整える。

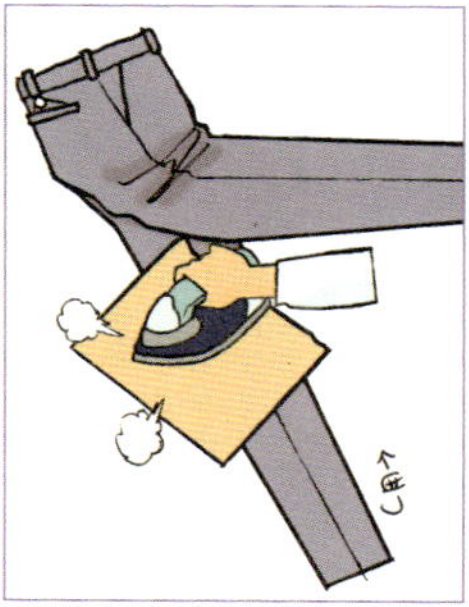

折り目（クリース）をキチンと揃え、当て布をし、上からおさえつけながら、アイロンをゆっくりと動かすのがコツ。

chapter 4 スーツスタイル

実はこんなに簡単！シャツのアイロンがけ

しっかりとプレスしたシャツで好印象を

スーツやネクタイをカッチリと決めても、シャツがシワシワ、ヨレヨレでは全く意味がありません。襟をピシっと決めたシャツは、どんな人に対しても好印象を与えることができます。アイロンがけにも、自分で挑戦してみましょう。道具さえあれば、難しいことではありません。

1 アイロン&アイロン台

アイロン

スチームアイロンならシワとりにも活用できる。コードレスのものがラクでよい。

アイロン台は“舟形”を

アイロン台の形にはいくつかの種類があるが、シャツにアイロンをかけるなら、一方が尖った舟形が便利。肩周りなどの作業がラクになる。

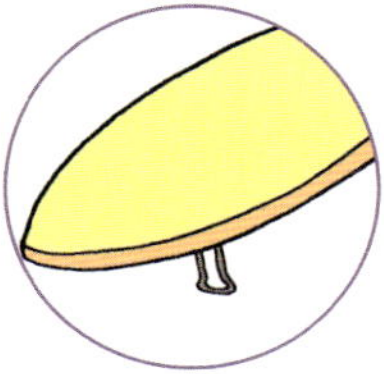

2 シャツのアイロンがけ

スチームアイロンが便利だが、霧吹きで代用できる。
洗濯用のスプレー糊で、襟や袖などをキメるのもオススメ。

1 最初は襟の裏から

襟裏とは、襟を折ったときに隠れる方のこと。シワができないよう、たるみを寄せながら慎重に。

2 袖口はボタンを外して

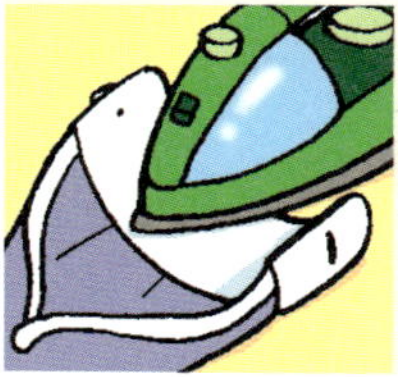

袖口のボタンを全て外し、裏からかける。この時も、シワが寄らないように注意。

3 袖は裏と表の両面を

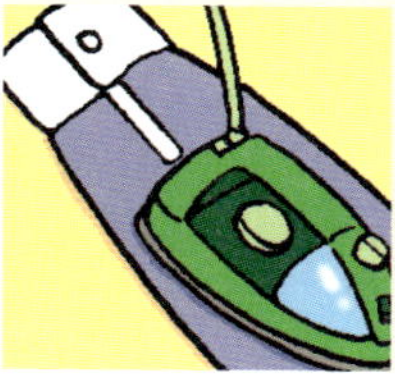

肩と袖を持って布地をピンと張り、テンションを保ちながらかける。アイロンは滑らせるように動かす。

4 前身頃は半身ずつ

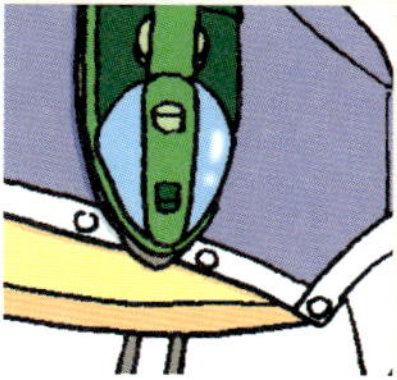

ポケットにシワが寄らないよう注意。ボタンのある部分は、アイロンの先を滑らせるようにする。

5 後ろ身頃も半身ずつ

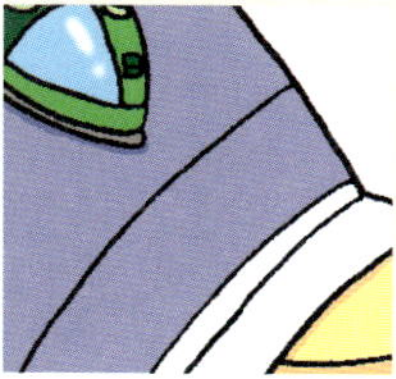

脇の縫い目も忘れずに。ダーツのあるものは左右のバランスと、ラインを潰さないように注意。

6 最後に首や肩周り

アイロン台の尖った部分に布地をひっかけ、テンションをかけながら平面を作ると、かけやすい。

chapter 4 スーツスタイル

ネクタイ&シャツのカンタン収納&ケア術

シャツとネクタイをスッキリ収納

シャツやネクタイをクローゼットなどに収納する時、無造作にハンガーにかけたままにしていませんか?

そうした収納は、型くずれや、ホコリよごれの原因になってしまいます。

コンパクトで、スペースを活用できると同時に、清潔な収納術を紹介しましょう。

1 ネクタイのケア

細かいケバ立ちは、裁縫用のハサミでカットして、表面をキレイに整える。

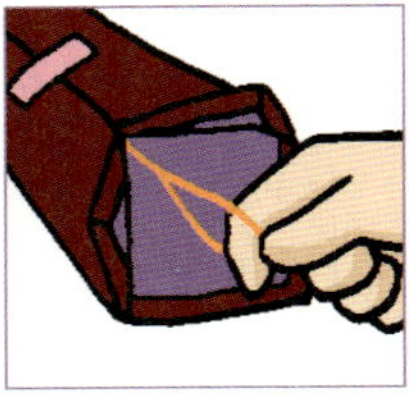

大剣の裏にあるループ(糸が輪になっている)部分を引っぱり、ヨレを整え

力を加えずクルクルと巻き、引き出しなどで保管する。シワを伸ばす効果もある。

2 シャツのたたみ方

シワになりにくいたたみ方は、旅行や出張の時に活用
ハンガー保管よりも幅をとらないメリットも

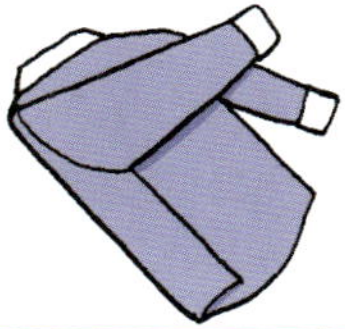

1 アイロンがけの後、ボタンを全て留めるところからスタート

袖を肩のラインとまっすぐになるように整えたら、そのまま内側に対して折り返す。このとき、折るラインがまっすぐになるように注意する。

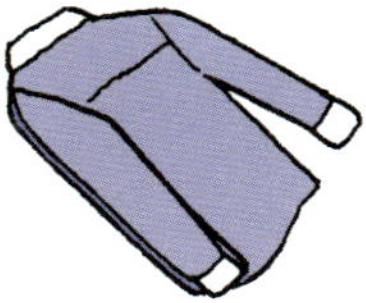

2 袖を身頃の中心に対して平行にバランスよく内側に折る

内側にたたんだ袖を折り返す。袖は折った線に沿わせて重ね、さらに身頃の中心線に平行になるようにする。

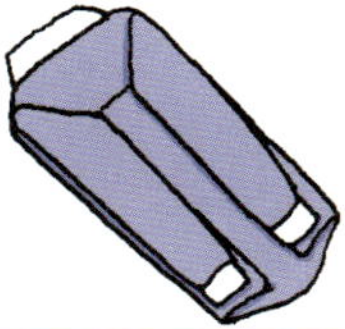

3 左右対称になるように両側のバランスに注意

折り返す場所が左右でバラバラだと、バランスの悪いたたみ方に。身頃の中心線を基準に、右と左が対称になるように注意する。

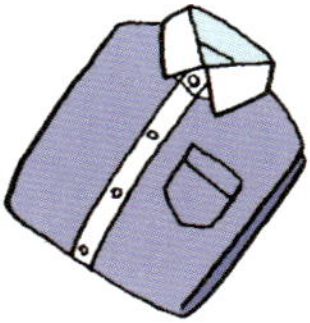

4 最後に裏返して、襟やボタンの側を上にして保管する

袖と裾の部分を一緒に内側折り返してから、もう一度身頃の中程で折り、大きさと形を整える。折りたたむ位置は、収納場所やカバンの大きさによって調節する。

定期的なシューズケアでキレイに長持ち

シューズの磨きかた

クリームなどのケア用品は靴屋やホームセンターなどで購入可能です。仕上げの防水スプレーは、軽い汚れの防止にもなるので忘れずに。また、磨きかたの手順や方法は、プロの靴磨きテクを盗むのも一つのアイディア。「靴を磨かせる男は出世が早い」とも言われます。次の機会には、靴磨きをお願いしてみては？

靴紐をほどき、シューキーパー（本来は型くずれを防ぐための道具）を中に入れる。

トゥ側に向けて払うように、ブラシで靴に付いたホコリを払っていく。

ウェルトなどの汚れが溜まる細かい部分には、使い古しの歯ブラシなどを使うとよい。

汚れ落とし用のクリームを、柔らかい布を使い、薄く伸ばすように塗っていく。

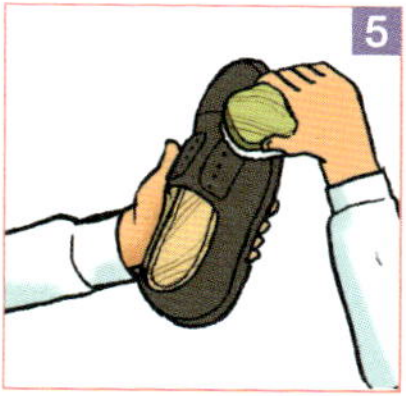

メダリオンのような凹んだ部分には、ブラシの毛先を使って少しずつ塗る。

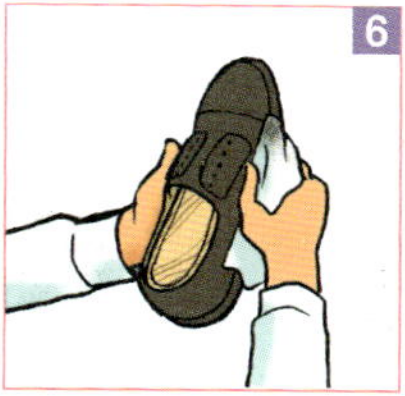

トゥとヒールからポリッシュ（靴墨）を塗る。靴の色に合わせたものを使うこと。

別の布を使って磨き、ツヤを出す。このとき、少量の水をたらすのがコツ。

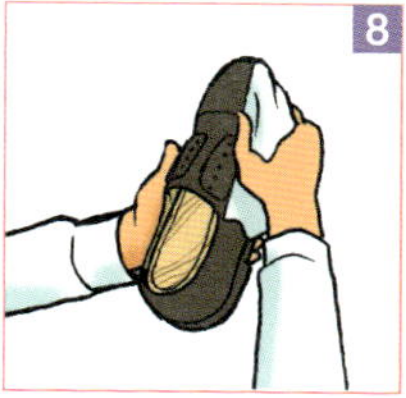

甲のツヤ出しはトゥ側から順番に、ポリッシュを薄く伸ばしていくつもりで。

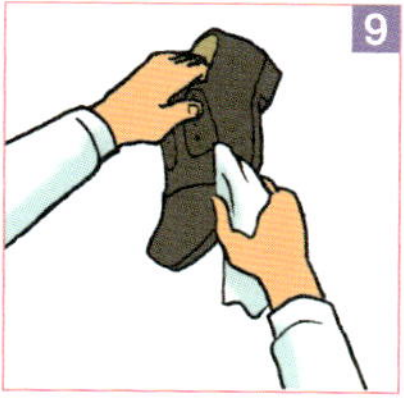

こすれてキズが入ることが多い横の部分は、ポリッシュで補色を念入りに。

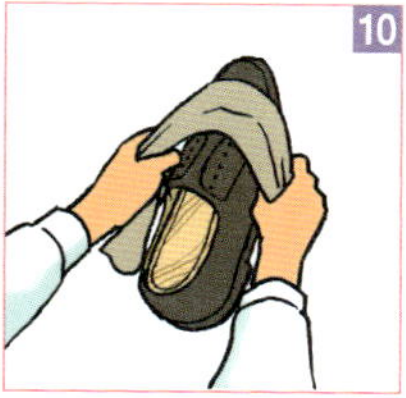

最後に履き古しのストッキングを使って素早くこするようにみがき、ツヤを出す。

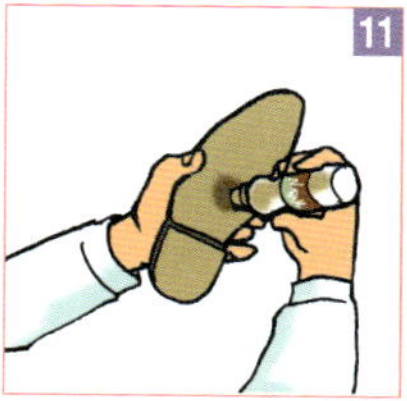

レザーソールの場合は、靴の裏に専用のクリームを塗って、保護と防水を行う。

防水スプレーを吹きかけて完成。商品によって乾燥の手順などが違うので、注意する。

ポリッシュは何色にする？

無色のものなら何色の靴にでも使えますが、傷や色あせを補色する働きもあるので、革と同じ色のものを揃えておく方がベターです。

chapter 4 スーツスタイル

ビジネスシーンに似合うコート選びの基準

スーツに合わせたコートのスタイル

ビジネスマンの冬のアウターといえば、もちろんコートです。カジュアルファッションなら、暖かさだけを求めることができますが、スーツスタイルと合わせるには、いくつかの基本型があります。また、フード付きのものやダウンジャケットは、カジュアル度の強さで不向きです。

1 コート

ステンカラーコート

最もシンプルで、ベーシックなスタイルで、着る人と場面を選ばない。前ボタンを隠したフライフロントのものが多く、シルエットはゆったりしている。

チェスターフィールドコート

冬のアウターとして最もフォーマルとされるスタイル。細身のエレガントなシェイプと、着丈の長さが特徴で、カシミヤなどの高級素材を用いられることも多い。

トレンチコート

軍用のコートがルーツで、肩章もそのなごり。ベルトを締めて、裾のフレアを強調する着こなしがマル。革手袋などのミリタリーっぽいアイテムを活用したい。

ファーコート

スーツスタイルの冬ファッションとして、ギリギリまでカジュアルに振ったスタイル。襟のファーで、自分はもちろん、周囲に与える印象も暖かくできる。

chapter 4 スーツスタイル

ビジネスマンのための間違いのないバッグ選び

袖口から覗く腕時計はオトコのアクセサリー

通勤や外回り、あるいは出張のときに持ち歩くバッグも、スーツスタイルに合わせたコーディネートが必要です。

機能性、実用性が重要であることはもちろん、目につきやすいアイテムだからこそ、ビジネスマンとしてふさわしいスタイルが、求められているのです。

1 ブリーフケース

❶ダブルトップハンドル
2本に分かれた取っ手のこと。書類で重くなりがちなので、丈夫さが求められる。

❷ハンドル・アタッチメント・タブ
取っ手とバッグ本体を結ぶ部分。縫製が丁寧で、頑丈なものを選ぶ。

❸ボトム
バッグの底の部分。荷物の負荷が大きく、酷使されるので、しっかりとした作りであることが大事。

❹ガゼット
バッグの奥行きのこと。使う状況や目的に応じて、充分な幅のものをチョイス。

ダレスバッグ

'50年代に、アメリカのダレス国務長官がこの形を好んだことからの呼称。ドクターバッグ、メディカルバッグとも。

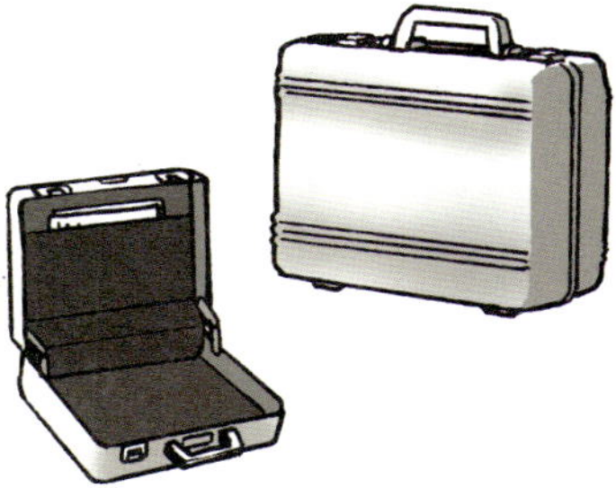

アタッシェケース

堅牢な構造と、鍵をかけられる機能性が特徴。従来は皮革性のものが主流だったが、近年は金属製や樹脂製のものも。

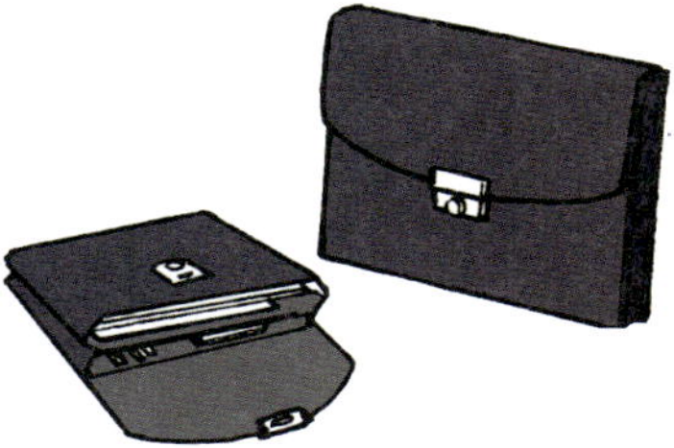

クラッチバッグ

取っ手が無く、手で抱えるタイプ。内側に仕切りがあるタイプは、書類などが機能的に収納できるようになっている。

ガーメントケース

出張の際に便利な、衣類を入れるためのバッグ。スーツをハンガーにかけたまま、収納できる構造になっている。

chapter 4
スーツスタイル

腕時計選びで表現する自分らしい個性やセンス

袖口から覗く腕時計はオトコのアクセサリー

腕時計は実用品であると同時に、趣味や個性、こだわりを主張できるアイテムです。身だしなみのセンスやステイタス感は、スーツやネクタイよりも、靴や腕時計にこそ現れるともいわれており、実は人目を集めている部分。スーツ姿のビジネスマンにふさわしい時計を身につけましょう。

1 パーツの名称

❶文字盤
フェイスとも。模様や仕上げの加工、素材などで分類される。

❷ケース
ムーブメント(内部の機械)を収めた部分。耐久性や耐水性のための構造を持つ。

❸リューズ(竜頭)
時刻やカレンダーの調整、ゼンマイの巻き上げなどを行う。

❹カレンダー
文字盤に日付や曜日、月などを表示する機能のこと。

❺ブレスレット
腕に固定する部分が金属製の場合。革製の場合はベルト。

❻インデックス
時刻表示。数字やドット、宝石を埋めたものも。

❼風防
文字盤のカバーとなっているガラスのこと。樹脂製の場合も。

❽ベゼル
風防の周りの装飾や、インデックスなどの機能を持たせた部分。

レクタンギュラー

ケースが長方形で、縦長のデザインのタイプの呼称。中には横長のデザインもある。

オーバル

楕円形のケースを持つタイプ。クラシカルでフェミニンな雰囲気を演出できる。

ラウンド

腕時計のデザインとして最もポピュラーな型。フォーマルからカジュアルまで幅広いタイプがある。

クッション

名称は、ケースの形がクッションに似ていることから。アンティークな印象のあるタイプ。

トノー

トノーとは、フランス語で「樽」のこと。サイドが曲線で、上下は直線で切り落とされている。

スクエア

角形で、正方形に仕上げられたケースを持つタイプ。フランス語ではカレ（正方形）と呼ばれる。

小物選びで差がつく働く男のスーツスタイル

アイテムのチョイスが第一印象を左右する

ビジネスマンの小物は、スーツ姿で持ち歩いてもおかしくない、落ち着いた印象のものであることが大原則。しかし、名刺入れや手帳、腕時計といったアイテムが、出会う人の第一印象を左右する場合も多く、センスや個性を表現することもまた、同時に求められています。

1 揃えたいアイテム

❶腕時計
レザーベルトか、シルバー系のブレスレットがベター。

❷手帳
黒や茶のレザーの落ち着いた質感のものがオススメ。

❸名刺入れ
革製で、黒や茶などのシンプルなものがベーシック。

❹携帯電話
黒やシルバーの落ち着いた色のもので手堅い印象に。

❺小銭入れ
財布が小銭でパンパンになってしまうことを避ける。

❻財布
束入れ（長財布）選ぶと、シックな雰囲気の演出に。

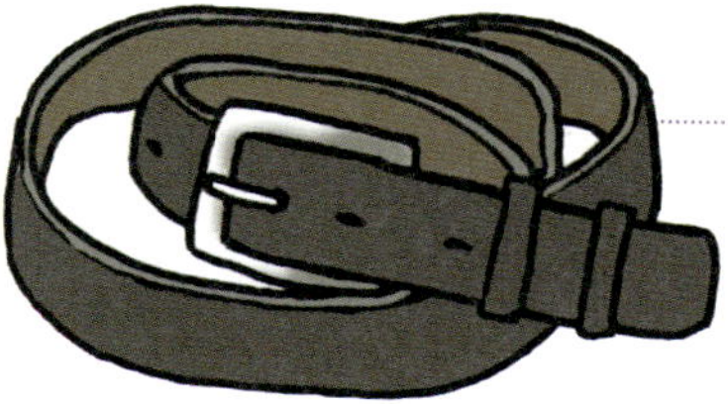

ベルト

ベルト選びは、シューズの色と合わせてコーディネートをバックルに装飾要素が多いものはスーツに向かない。

カフリンクス

ダブルカフスのシャツの袖口を留めるもの。フォーマルな席にも対応できるような装飾や、質感のものがあると便利。

タイバー

いわゆるネクタイピンの、挟んで留めるタイプのこと。――ピンは、タイに刺して裏のキャッチで留めるタイプのこと。

マフラー

スーツスタイルでは、カシミアやアンゴラといった上質な素材で、薄手のものの方が、コートとも合わせやすい。

Colum 03

お通夜にブラックスーツはNG!?

正しいマナーが必要

ある若手衆議院議員が、お通夜の席で、先輩のベテラン議員に声をかけられました。

「お前、そういうところは、意外とちゃんとしてるんだなあ」

２人は、揃って黒ではないダークスーツを着ています。

「親父に――怒られたことがあるんですよ」

その二世議員は、父親と居合わせた通夜の席で、隅の方に連れて行かれ、頭を思い切り殴られたことを思い出しました。

黒スーツは“タブー”

「――通夜に黒いスーツを着て来る奴があるかっ！」

お通夜では「急な知らせに駆けつけました」というスタンスが求められます。なので、黒いスーツの着用など、準備万端整った様子は、あたかも訃報を“待ち構えていた”ようになってしまい、逆に失礼になってしまう場合があるのです。

お通夜では、無地のダークグレーなどのスーツに、黒いネクタイ、といった略礼装がベースのスタイルがベターでしょう。

ただし、亡くなってからお通夜までの時間に余裕があったり、近親者やごく近しい関係性の方が亡くなった場合など、準礼装のブラックスーツで弔意を表した方がよい場合もあります。

chapter⑤

カジュアルスタイル

chapter 5
カジュアルスタイル

センスアップの基本テクで簡単おしゃれカジュアル！

手持ちアイテムを活用＋αコーディネート術

ファッションとは、最新アイテムや、流行のスタイルを取り入れることだけではありません。自宅のクローゼットに並んでいる服や、小物を充分に活用することで、ワンランク上のコーディネートや、新鮮な着こなし、幅の広いファッションができるテクを身につけましょう。

1 ふだんのアイテムも工夫次第!

ポロ × ジャケット

ポロシャツとジャケットの組み合わせは、リラックスしたスタイルを演出します。ジャケットとシャツの色の組み合わせをアクセントにするのがポイントです。

白シャツ× ストール

シンプルなシャツに、ストールを合わせて、色のアクセントや、ボリュームを演出します。ストールを何色か用意しておくと、着こなしの幅が広がります。

2 メリハリコーデでカジュアルに変化をつける

POINT

同系色コーデもワンポイントカラーでオシャレ度UP!

トップス、ボトムスを同系統の色でまとめ、首もとに見えるインナーや、ストールを明るい色にすると、鮮やかな印象がグッと引き立ちます。

POINT

タイト× ゆったりでシルエットに変化を

タイトなシルエットのトップスに、ワイドパンツやカーゴパンツといったゆったりしたボトムスを合わせると、バランスのよいシルエットが実現します

3 難しい色使いの悩みはこれで解決！

POINT

トップスのカラーをシューズに合わせる

プリントシャツの図柄や、ドットやストライプといったパターンの色と、靴の色を合わせると、コーディネートがまとまり、見た目の印象が際立ちます。

POINT

ワントーンでもグラデーションをつけるとGOOD!

同系色のコーディネートをするときに、上半身から足元にかけて、だんだん濃い色になるグラデーションで組み合わせると、色的にスッキリとした印象に。

おしゃれカジュアルの第一歩「レイヤード」を極めよう！

レイヤードとは"重ね着"のこと

ファッションアイテムのコーディネートで、重要なポイントが、レイヤード＝重ね着です。オーソドックスな重ね着から、意外なアイテムの取り合わせまで、活用パターンは自由自在。重ね着での斬新なスタイルは、日本発のファッションとして、注目されるようにもなっています。

1 レイヤードはココを押さえる

ボリュームを考えて重ね着する

"重ね着＝着ぶくれ"になってはいけません。ジャケットにカーディガンやベストを合わせるときは、スッキリしたシルエットになるよう、タイトにフィットするものを合わせましょう。

インナーに柄ものでセクシーに

アウターが、総柄などの大胆なパターンや配色のものだと、賑やかすぎて落ち着きのない印象になりますが、インナーに組み合わせると、一転してセクシーさを演出してくれます。

2 すぐに使えるレイヤードの基本スタイリング

Tシャツの重ね着の基本テク

ストライプや柄物など、アクセントのあるTシャツに、シンプルなシャツのボタンを外して合わせます。

無地のTシャツで、トップスの印象が物足りないときは、ベストを合わせてボリューム感を演出しましょう。

ジャケットのカジュアル系レイヤード

ジャケットからチラっと見えるよう、配色やパターンが鮮やかなチェックのシャツを合わせるスタイル。

ジャケットとパーカーを組み合わせると、グッとカジュアルな印象に。着ぶくれしないよう、薄手のものを。

レイヤードの主役 カーディガン

カーディガンに合わせるインナーは、丸首のクルーネックが基本。色の組み合わせでスタイルを演出。

襟元を決めるダブルポロ

襟元の色の組み合わせが、印象的になるスタイル。内側のポロシャツの袖を外に出さないのがポイント。

chapter 5 カジュアルスタイル

TPOに合わせたキレイ目カジュアルでデートをキメる！

デートのタブーは"やりすぎ感"

デートのときのファッションはカッチリ感とカジュアル感のバランスが大事。

ビジネスシーンそのままのスタイルでは堅苦しいし、オシャレしすぎでも軽々しい印象になってしまいます。

派手な印象よりも、シンプルでこざっぱりとしたスタイルになるよう心がけましょう。

1 TPO別デートのコーデ例

ショッピング
遊園地など

ITEM

- Tシャツ
- ベルト
- ジーンズ
- スニーカー

スポーティーさを演出するには、デニムがピッタリ。ただし、クラッシュの度合いが強すぎたり、ベルト無しではカジュアルすぎな印象でNG。シンプルなTシャツを合わせるのもポイントに。

映画館

ITEM

・黒ジャケット　・ストライプシャツ
・ストレートデニム

映画館デートでは、ジャケットで落ち着いた印象に。ただし、ストライプのシャツなどでカジュアル感を演出し、ストレートジーンズなどで適度にドレスダウンすることが大事。

レストラン

ITEM

・紺ジャケット　・白系シャツ
・スラックス

それなりにカッチリとしたファッションが求められるレストランでも、ビジネスシーンのような着こなしはNG。ノーネクタイの襟を外に出すなど、カジュアル感をプラスして。

アウトドア

ITEM

・ボタンダウンシャツ
・ショートパンツ　・ブーツ

レジャーファッションは、カジュアルすぎないことがポイント。ショートパンツやブーツといったアウトドアアイテムに、ボタンダウンを組み合わせてオトナの休日を演出。

幅広いコーディネート向きの着回しアイテム【春夏編】

着まわしのポイントはベーシックなアイテム

着まわしコーディネートに活躍してくれるのは、やはり基本的なアイテムです。

シーズンごとに流行のスタイルを追いかけるだけではなく、無地や落ち着いた色合いの服を揃え、着回しや組み合わせを活用することで、ファッションの幅を拡げることが可能になります。

1 デニムとチノは通年使える

デニム

ジャケットに合わせるなら、ノンウォッシュのジーンズを。また、適度に色落ちしたジーンズも、カジュアル感を演出できます。ただし、オトナの着こなしに、ハードすぎるダメージドデニムは禁物です。

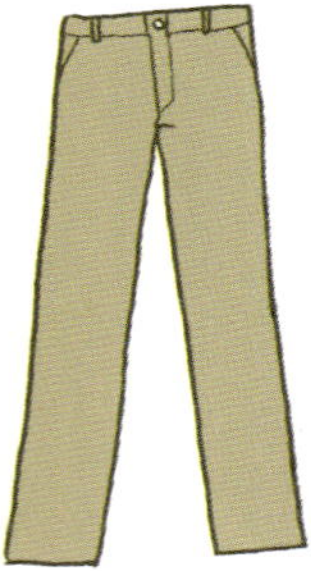

チノ

休日はもちろん、カジュアルフライデーといったビジネスシーンでも、大活躍してくれるアイテム。色やシルエットをいくつか揃えておくと、トップスとの組み合わせで様々な雰囲気を演出してくれます。

2　着回しのきく春夏のトップスはコレ！

春夏アイテムは、重ね着ファッションへの活用で
一年を通して着回せる物をそろえたい

カットソー

クルーネックのものを各色揃えておくと、アウターとしてはもちろん、重ね着のインナーとしても様々に活用できます。

ジャケット

カジュアルな場面でも使い回しができるようなスタイル、シルエットのものを用意しておくと、活用の幅が広がります。

白シャツ

Yシャツと別に、襟の形や、生地の質感が異なるものを揃えておくと、アウター、インナーの両方での活用が可能に。

半袖シャツ

カッチリ感を演出するアウターに。ボタンを外した襟元から、インナーをのぞかせる重ね着のアイテムにしてもOK。

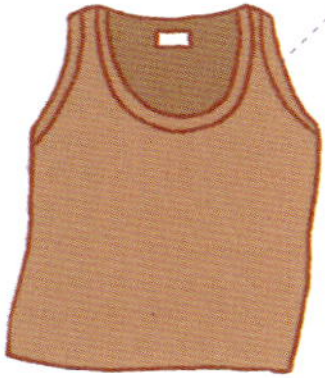

ノースリーブ

重ね着のインナーとしては、差し色に活用するのがポイント。裾を外に出して色的なアクセントにする上級テクも。

無地Tシャツ

白や黒、紺に加え、赤などの鮮やかな色のものも揃える。大胆なプリントのものや柄物は、着回しでの活用は難しい。

chapter 3 ボディケア

幅広いコーディネート向きの着回しアイテム【秋冬編】

重ね着でモコモコのシルエットはNG！

秋冬物では、ニットなどの保温性の高いアイテムで、季節感の演出も重要になってきますが、重ね着が単なる厚着になってしまえば台無しです。

重ね着が増えるこの季節には、決して着ぶくれしないスッキリしたシルエットと、重ねた色目の演出を忘れないことが大事になってきます。

1 秋冬は素材感のあるボトム

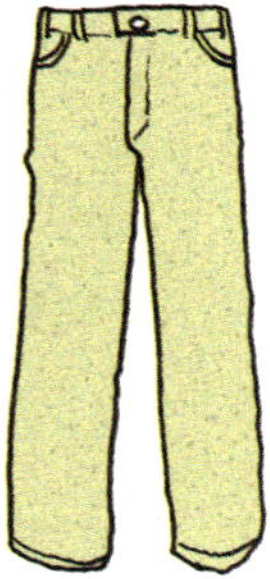

ウールパンツ

デニムやチノを一年中履いているのは、季節感ナシのNGファッション。秋冬の時期は、保温性が高いのはもちろん、見た目でも暖かさを演出してくれるウール素材のパンツを活用しましょう。

コーデュロイパンツ

素材や質感に特徴のあるコーデュロイの定番色は、茶色や黒、カーキといった落ち着いた配色のもの。保温性が高いのはもちろん、スポーティーさや遊び心を演出してくれる、秋冬ならではのアイテム。

2 秋冬にそろえたいアイテム

秋冬に黒などの無彩色なアイテムばかりチョイスするのはNG
インナーや差し色をアクセントにすると、鮮やかな印象に

ネルシャツ

暖かい質感のネルシャツは秋冬の便利アイテム。鮮やかな配色のものは差し色としても活用可能。

デニムジャケット

直球でデニムと合わせるだけではなく、様々なボトムスとのコーデで、通年活用も可能に。

Vネックニット

Vゾーンを見せて胸元を演出。スーツやジャケットに合わせて、カッチリ目のカジュアルに。

タートルネック

アウターとしてはもちろん、薄手のものならシャツのインナーとしての活用も可能に。

コート

まず揃えたいのは、ビジネスでもカジュアルでも活用できるような、適度なスタイルのもの。

カーディガン

アウターとして着る厚手のものと、重ね着でも活用できるような薄手のものを揃えたい。

chapter 3
ボディケア

帽子やシューズを合わせて週末のおしゃれ達人に

帽子やシューズで差がつくファッション

オトナのファッションでは、帽子を活用することで、場面に合わせたさまざまな印象を演出してくれます。

また、革靴やスニーカーも、状況に応じて組み合わせを変えることで、バリエーションの幅が広がります。

1 帽子のパーツとポイントを知る

クラウン
帽子の上の凹ませた部分。凹ませる場所や形、深さの違いなどで、色々いな表情を演出する部分。

フロントピンチ
クラウンの前の方で、つまんだような形に凹ませている部分。

ブリム
帽子の「つば」のこと。全体が下がっているものを「オールダウン」上がっているものを「オールアップ」と呼ぶ。

ハットバンド
帽子の周囲にめぐらせたリボンのこと。色や生地の質感によって、印象が変わってくる。

2 帽子コーディネートのワンポイントアドバイス

POINT

顔のサイズでブリムをチョイス

顔が小さめの人はつばが狭い帽子を。逆に大きめの人は、つばが広めの帽子を選ぶとよいでしょう。

POINT

リボンとトップスの色を合わせる

帽子のリボンの色と、トップスの柄やストライプなどの色を合わせると、色彩的な統一感が出ます。

POINT

色使いの多い帽子は主役として使う

多色使いの帽子は、ファッションのポイントに。トップスの印象は抑えて、スタイルの主役に。

3 カジュアルシューズはこう合わせるとGOOD

POINT

スニーカーをアクセントに

落ち着いた色調のコーディネートに、鮮やかな色調のスニーカーを合わせ、全体のアクセントに。

POINT

ロールアップにはスリッポンで

素足にスリッポンのスポーティーな雰囲気の時は、ロールアップした足元が印象を引き立てます。

POINT

靴によってパンツ丈を変える

ローファーには長めに仕立てた裾を合わせるのがベスト。ブーツなら七分丈程度が似合います。

用語集

これくらいは知っておこう 男の身だしなみ関連用語

「知識を身につけている」というのも身だしなみのひとつ！

角質コントロール

毛穴の黒ずみを目立たなくすることを目的としたもので、毛穴の出口が角質でふさがれてしまい、詰まりやすくなっている人向け。厚くなった角質をピーリングコスメや酵素洗顔料を使って落とすことをいう。これまでは、主に女性向けの美顔用語として使われてきたが、男性用のスクラブ洗顔剤などでも使われるようになった言葉。

ターンオーバー

言葉本来の意味では入れ替わるという意味。フェイスケアの分野などでは、表皮細胞が絶えず入れ替わり新しい肌に生まれ変わる「肌の新陳代謝のこと」を指して使う。その周期は、若く健康な肌で約28日、40歳代で約40日といわれている。加齢とともにターンオーバーの速度は遅くなっていくものだが、日焼けや生活リズム、食生活の乱れなどによってターン

オーバーのリズムが乱れること
があり、肌トラブルの原因となっている。

ビタミンC誘導体

肌の老化防止、またニキビといった肌トラブルに効果があるとされるビタミンCは、非常に不安定で肌吸収されにくいことが知られている。そこで、ビタミンCの一部をリン酸塩に置き換え安定化させ皮膚に浸透しやすくしたものがビタミンC誘導体である。肌に浸透したあとは、肌の中の酵素により結合していたリン酸部分がはずれビタミンCとして働く。

主な効果として、メラニンをうすくしたり、その合成を阻害することでシミができにくくしたり、抗酸化や皮脂分泌の抑制、毛穴の引き締め、コラーゲンの合成促進などが挙げられる。

最近では男性用コスメにも、ニキビ用などとして薬用ローションや薬用クリームといったものにビタミンC誘導体が含まれているものが出てきた。

紫外線吸収剤と散乱剤

どちらも有害な紫外線から肌トラブルを防ぐ物質。塗布によって肌に膜を作り紫外線の侵入を防ぐ効果がある。紫外線吸収剤は物質自体が紫外線を吸収することで肌を守り、紫外線散乱剤は、紫外線を反射させることで、肌への紫外線の侵入を防ぐというもの。一般的に紫外線散乱剤の方が肌への刺激が少ないとされる。日焼け止めなどを購入する際には、商品の内容表示などに注意して使う。

キューティクル

層構造になっている毛髪のもっとも外側の層。毛表皮と呼ばれる部分のこと。固く透明な細胞がウロコ状をしており汚れを付きにくくするとともに、髪の毛の内側から栄養素が逃げにくい構造と仕組みを持っている。

スカルプケア

薄毛対策のひとつの方法で、頭皮ケアを目的としたシャンプー剤やその技術のとつ。頭皮、毛穴の皮脂や汚れを浮かせて除去するというもので、多くは専門のヘアエステやヘアサロンで受けることができる。また、市販のシャンプー剤などにも、この効果をうたったものがある。

ヘアマニキュア

髪のカラーリング技術の一種。ヘアカラーは、髪のキューティクルを開き、メラニン色素を分解して脱色させ、あらたに注入した色素を発色定着させて行うものだが、毛髪の表面に色素をコーティングして浸透させ、毛髪のなかまで色素を定着させるという方法。ヘアカラーのように脱色を行わないために、毛髪へのダメージは比較的少ないといわれている。

しかし、表面に吸着した色素が剥がれ落ちるときにキューティクルまで剥がしてしまうこともある。

最近では、毛髪にダメージを与えにくいものも出てきてはいるが、基本的にヘアカラーやヘアマニュキアは髪を痛めるものだと認識しておくべきだろう。

フレグランス・エチケット

一般的に、男性が香水やコロンの匂いを強く漂わせているというのは、周囲から嫌われかねません。

コロンなどを使いたいなら直接肌には付けず、頭より高い位置にむかってスプレーしその香りの下をくぐるくらいで十分です。フレグランスはほのかに香るくらいが一番。

一般的にビジネスシーンでは無香料や微香性のものが最適。種別ではオーデコロンくらいがもっとも適当です。

	濃度	アルコール分	蒸留水	持続時間
パルファン	5 - 20%	75 - 80%	0 - 5%	約5 - 7時間
オードパルファン	10 - 15%	80%	5 - 10%	約5時間
オードトワレ	5 - 10%	80%	14 - 15%	約3 - 4時間
オーデコロン	2 - 5%	90%以上	5 - 10%	約1 - 2時間

≫ショッピングに役立つサイズ表

■紳士用シャツ

日本	36	37	38	39	40	41	42
アメリカ・イギリス	14	14½	15	15½	16	16½	17
ヨーロッパ	36	37	38	39	40	41	42

■紳士用ジャケット・コート・セーター

日本	S		M		L		LL
アメリカ・イギリス	34	36	38	40	42	44	46
ヨーロッパ	44	46	48	50	52	54	56

■紳士靴

日本	23	23½	24	24½	25	25½	26	26½	27	27½
アメリカ				6½	7	8		9	10	11
イギリス		5	5½	6	6½	7	7½			
フランス	36	37	38	39	40	41	42		43	44
ヨーロッパ	36	37	38	39	40	41	42		43	

アウトドア系

「アウトドア」とは野外の、戸外のという意味。本来、山野などで使うことを目的としたマウンテンパーカやトレッキングズブーツなどを街で着こなすファッションのこと。防水や防風など、防寒性や機能性に優れたウェアが多い。最近では登山などというようなシーン・イメージを持って使うことが多くなった。

イージーオーダー

店側が用意した多数のパターンから、注文主の体型に合ったものを選び、サイズを微調整したり、好みの生地を選んだりすることで注文できるシステム。

既製服とオーダーメードの中間に位置し、既製服よりはデザインや生地で個性も出しやすく、オーダーメードに比べて価格も安く、仕立て上がりまでの時間が短いのが特徴。

セレクトショップ

かなりの勢いで増えてきた紳士用グッズの専門ショップ。男性用コスメから、ステーショナリーや雑貨など、ショップ独自のセンスで選んで扱っている。

ユニークな商品や機能性の高いアイテムなどが多く、主に海外ブランドなどの品揃えで注目を集めている。

チノパン

今ではコットンパンツの総称のように使われる。チノーズとも呼ばれ、語源は第一次世界大戦時にフィリピン駐留中のアメリカ軍が中国で軍服用生地を購入したこと由来する。チャイナを愛称としてチノーと呼び、その綾織生地を「チノクロス」と呼ぶようになった。カーキー色やベージュ系のものが多いのは、もともとミリタリー・ユースだったからといわれる。メンズが基本で、デザインもオーソドックスなものが多いため、カジュアルの定番として人気がある。

トラッド

トラディショナル・スタイルの略称。伝統的で正統派のスタイル。ブレザーにチェック柄のパンツ、ボタンダウンのシャツといった、伝統的なアメリカ東海岸風のファッションを指すことが多い。また、イギリス風のブリティッシュ・トラッドであるアーガイルやタータンといった伝統柄やツィード素材などを使った服装を指すこともある。

ドレスコード

周囲の雰囲気を損なわないように、場所や時間帯に合わせた服装が指定される場合などに使われる。正式なパーティなどで始まった服装のエチケット。

パターンオーダー

イージー・オーダーと同義語だが、近頃はパソコンからオーダーするシステムに人気がある。一度ショップで採寸してもらったものを基本にするか、あるいは着慣れたスーツのサイズを基準にオーダーする。また、ネット上の指示に従って自分で採寸するという方法もあるようだ。テクニックと頭を使い生地やパターンステッチやポケットの形状を変えたりと細部にこだわれることで人気がある。

プレッピースタイル

アメリカの上流階級の子息が通うエリート校をプレップスクールと呼び、そこに通う学生たちへの嫉妬から生まれたのが「プレッピー」というスラング。一流の環境で育った彼らは伝統的で上質なファッションを着崩すことも上手かった。そんな彼らのスタイルが「プレッピースタイル」と呼ばれるようになった。

ボウタイ

いわゆる蝶ネクタイのこと。タキシードなどの礼服などを着た時に蝶結びのように締めるネクタイ。自分で蝶型に結ぶツウ・タイプと、あらかじめ蝶結びになっているものを金具でとめるピアネス・タイプがある。結び目、幅、大きさなどによって、呼び名があり、主なものではフライ、クラブ・ボウ、ポインテッド・エンド・ボウ、スクエボウなどがある。

商品お問い合わせ先

(大)	大塚製薬(株) お客様相談室	☎ 0120-550708 http://www.otsuka.co.jp
(花)	花王(株) お客様相談室	☎ 03-5630-5030 http://www.kao.com/jp/
(コ)	コデン(株)	☎ 03-3910-4941 http://www.coden.co.jp/
(資)	(株)資生堂お客さま窓口	☎ 0120-814710 http://www.shiseido.co.jp/
(ダ)	(株)ダリヤ	☎ 052-950-7711 http://www.dariyacosme.com/
(パ)	パナソニックお客様ご相談センター	0120-878365 http://panasonic.jp/
(マ)	(株)マンダム	0120-373337 htpp://www.mandom.co.jp/
(ユ)	ユニリーバお客様相談室	0120-500513 http://www.unilever.co.jp/
(ラ)	ライオン(株) お客様センター	0120-556913 http://www.lion.co.jp/

レノア・ジャパン(株) http://www.lenor-japan.com/

(レ1) チューンメーカーズお客様相談室
0120-964117
http://www.tunemakers.net/

(レ2) プラウドメンお客様相談室
0800-1111-636
http://www.proudmen.jp/proud/

(ロ)	ロート製薬(株) お客さま安心サポートデスク	☎ 06-6758-1230 http://www.rohto.co.jp

// 男の身だしなみ養成講座

2011年3月28日　初版第一刷発行

編者：できる大人向上委員会

編集・執筆：淺川覚一郎、四条麻美、国澤朋子
デザイン：牧真一
カバーイラスト：イナアキコ
イラスト：しらいしろう、大木桂、しんのすけ、ふじあか正人、
　秋山哲茂、中野サトミ

企画：中島大輔（アース・スター エンターテイメント）

発行所：株式会社アース・スター エンターテイメント
〒150-6028　東京都渋谷区恵比寿4-20-3
恵比寿ガーデンプレイスタワー28F
TEL：03-5424-8801
http://www.earthstar.jp/

発行者：幕内和博

発売所：株式会社泰文堂
〒106-0044　東京都港区東麻布1-8-4
パークハビオ麻布タワー15F
TEL：03-3568-7972

印刷・製本：株式会社光邦

※本に関する取材などのお問い合わせは
アース・スター エンターテイメントまでお願い致します。

定価はカバーに表記してあります。
落丁・乱丁などの不良点がありましたらアース・スター エンターテイメントまでお送りください。お取り替え致します。

ISBN978-4-8030-0241-6